愛情 成於性格 勝於選擇

目錄

黃彥衡博士 – 簡介

黃彥衡博士 Dr. Harry Wong （aka Dr. Happy）
- 亞洲首位由 Drs. Tad & Adriana James 親自教授及認證的 ABNLP 認可 NLP 資深發證導師 （全球第 10 位）
- 臨床心理及催眠治療師
- 認可 LEGO® SERIOUS PLAY® method and materials 促進及諮詢師
- 認可綜合調解員（商業、婚姻、家庭）

座右銘
相信能夠相信

專業範疇
企業培訓導師及促進師／身心靈成長講師／職業治療師及教練／專業調解員／作家

合著／編著作品

《我要好好戀愛》　　　　　《我要好好相愛》

《一本博益》　　　　　　　《生命的蛻變因 NLP 而起》

電郵

harrywong@warmyourheart.com

網頁

www.warmyourheart.com

作者自序

男女感情事從來都是一個令人又愛又恨的課題。正所謂,「冇又愁、有又煩」。其實自從自己懂「情」開始,已拜讀過不少愛情聖典,由張小嫻、亦舒的小說到 Dr. John Gray 的 "Men are from Mars, Women are from Venus"(中譯:《男女大不同》)、以及著名美國兩性關係作家 Mark Gungor 透過引用男與女的頭腦構造教大家如何跟自己的另一半相處*。我們理應對感情的建立、愛情的掌握、關係的維繫瞭如指掌,運籌帷幄,但偏偏我們的城市還是有着很多為感情事糾結的男男女女。

記起我和 Enneagram 跟 Neuro Linguistic Programming(NLP)結緣於 2000 年初。當時我跟很多初學者一樣,很想透過 Enneagram 尋找屬於自己的性格型號,也很想透過自己在 NLP 所學習到的技巧去幫助身邊的人解困。那時我腦裡出現一個想法,覺得 Enneagram 跟 NLP 在兩性關係這範疇應可以有一個很好的化學作用。因此我很努力去尋找一些相關的交叉風格(crossover)書本,但卻徒勞無功。*在我的心深處,卻悄悄地醞釀著……*

2004 年,當我在澳洲考取 ABNLP 認可 NLP 發證導師資格後,在回港的客機上,我忽然想到將 NLP 賦予幫助都市女性去釐清自己對愛情的想法,從態度出發,再配合高效能兼實用的行動去尋找屬於自己的美滿關係。之後我用了五

個月的時間去推廣及設計一個名為 "NLP for Woman: Empower Your Beauty and Confidence from Inside Out" 的 NLP 認證課程。但基於種種的商業理由，最終不能成事，很是可惜。及後我將 NLP 的認證課程放諸於商業及教練應用，由 2005 年開始至今，無間斷地跟 Kornerstone 這長期的合作夥伴舉辦了三十六屆的 NLP 認證課程，有近千人修讀過。雖然成績尚算可以，也可說把自己的專長跟 NLP 結合找對了一個方向和焦點。但對於 NLP 在兩性關係的應用，我始終充滿興趣和信心，所以在 2007 和 2008 年相繼合著了兩本引用 NLP 作求愛跟戀愛的讀本。*在我的心深處，Enneagram 跟 NLP 這個 crossover 仍然醞釀著……*

2014 年，我太太突然對 Enneagram 大感興趣，繼而修讀了不同的 Enneagram 相關課程，令 Enneagram 這課題再次在我的生活和事業發展泛起絲絲漣漪。基於太太本身也是一位 ABNLP 認可 NLP 發證導師，當時我提議我倆倒不如合著一本 Enneagram x NLP 的讀本，從自身出發去剖析一段婚姻應如何維繫和怎樣珍惜大家的相處。可惜太太卻志不在此，反而因為我們的寶貝兒子 Jasper 出生後，她對 Enneagram 跟 NLP 如何應用於親子關係更感興趣，最後出書計劃無疾而終。*在我的心深處，Enneagram 跟 NLP 這個 crossover 依然醞釀著……*

打從 2013 年開始，每年我跟 Kornerstone 都會舉辦亞洲唯一的 ABNLP 認可 NLP 認證導師課程。而我每年都會鼓勵剛畢業的 NLP 認證導師應好好運用他們的導師和 NLP 熱

愛者身份去作一些有意義的企劃,期望他們能幫助社會不同界別和階層,同時也能把他們的 NLP 推向另一層面。在 2016 年一次機緣下,跟第三屆畢業的 Jessie 談了很多,也分享自己在過去十多年對 Enneagram 跟 NLP 這個 crossover 在兩性關係這課題上的應用和想法。她跟我透露自從 NLP 導師課程畢業後,她跟 Liz 正在很認真的鑽研和修讀不同的 Enneagram 課程,對 Enneagram x NLP 跟我有着很多相同的見解和理念,我倆可謂一拍即合。加上 Krista 正值跟我修讀着一個為期五年的 NLP 高級導師課程,對 NLP 的認知和應用可謂非常專業和獨到。*一個醞釀了十多年的企劃,終於成行。*

對於我本人,這本書的誕生可説是一次 dream comes true 的體驗,也實踐了自己一直堅信的想法。作為一個愛情的喜愛者(lover)和信徒(believer),我想透過跟這三位有心、有力、有抱負的女生合著這讀本帶出我們對愛情應有的精神:**對愛情仍有憧憬、給自己創造選擇**。不論是人生或是愛情,一個人最可悲就是沒有選擇,感到無助。但我們卻要明白,有抑或沒有選擇很多時不是來自外在的因素而是發自內在的信念和想法。這也正好説明,我們是可以有選擇的。只要我們相信及懂得**改變對事情的看法和處理方式,我們便能夠改變結果**。我深信,when there is a will, there is always a way 這真諦。我也相信,這個世界是沒有失敗的人,只有懶惰和長期持懷疑態度的人。真的,機會從來只會給予有準

備和對自己深信不疑的人。就如看到這次合作的三位作者 Jessie, Krista 和 Liz，在我眼裡他們就是那些有準備和深信不疑的典範。當我提議出書事宜時，他們好像早有準備般，二話不說就各自到位，各施其長，分工合作，埋頭苦幹去也。我真的為她們感到驕傲，也很慶幸自己有這三位得意門生和非常合拍的寫作夥伴。

對於助人的專業（helping profession）範疇上，我希望這讀本能成為一個結實有力的開始，讓多些同業提起興趣把 Enneagram 跟 NLP 這個 crossover 更加發揚光大。不知為何，一直以來 Enneagram 跟 NLP 都是各自各精彩，但它倆 crossover 的讀本卻相當欠奉。這本書主要集中把它們應用於兩性關係，寄望同業們能把這個不可多得的 crossover 應用於其他範疇（例如：親子關係、青少年成長、商業應用等），透過我們各自的喜好、熱情和專業編寫多些著作，好讓多些讀者能夠受惠。

最後，很想多謝……

我的太太 Jaffy，妳讓我每天仍在學習「着」夫妻的相處之道，讓我透過運用 NLP 去不斷修正自己的心態和行為，運用 Enneagram 去學習包容和欣賞不同性格的特質，以及更深入明白到兩個人走在一起，只要有愛，我們就有選擇！

我的家人和寶貝兒子 Jasper，你是我人生和工作的原動力。

　　我的客戶、學生和不論陰晴圓缺都對我不離不棄的朋友們，是你們做就了今天的 Harry Wong 和 Dr. Happy！多謝你們 !!!

　　謹將這書獻給有愛或期盼愛的你們，希望你們都能成於性格、勝於選擇。

Harry

寫於一個充滿愛的初春下午

* 參考連結：

https://www.youtube.com/watch?v=814eR5K7KD8

賴寶珠 Jessie Lai – 簡介

· ABNLP 認可 NLP 發證導師

作者自序

　　說起 NLP，應該要從 2012 年開始談起。當時我正經歷人生中的低潮，情緒陷入谷底。醫生轉介我見心理輔導，但提到「心理輔導」這四個字，心理總有個關口，所以遲遲也沒有約見。剛巧當時先生修讀 NLP Practitioner 課程，每次下課回來時都細說得著如何如何多，並提議我報讀，稱對我一

定有莫大的幫助。雖然對"NLP"這三個英文字是零認識，但相比「心理輔導」這詞感覺來得容易接受，所以我選擇踏上 NLP 之路。

本抱著「自療」心態上課的我，打算完成 Practitioner 課程後把自己的心結解開便已完事。但從沒想過有友人表示，我跟他們分享 NLP 知識時而有所得著，這令我體會到原來我所學習的，除了自己還可以幫助身邊的家人和朋友。經我的 NLP 導師 Harry 鼓勵下，一步一步完成我稱它為 NLP 的三部曲：NLP Practitioner、NLP Master Practitioner 和 NLP Trainer。

我和 Liz 一起完成整個 NLP 旅程的三部曲後報讀了 Enneagram。我發現 NLP 與 Enneagram 兩者之間存在著微妙的關係，NLP 提供很多技巧幫助解困，而 Enneagram 正是協助找出問題發生的成因。

正在思索有什麼途徑可以把 Enneagram x NLP 這個概念與大家分享時，機緣巧合地與 Harry 談起這話題，他提議透過文字可讓更加多人認識及了解。沒有寫作天分的我，「作者」這身分對我來說簡直是天方夜譚，但為了不想放棄這麼好的一個 crossover 題材，我選擇接受這次挑戰，並選擇相信自己，在此更加要感謝其他三位合作伙伴 Harry、Krista 和 Liz 選擇對我的信任。

透過書中的五個故事，希望讓讀者對不同的角色（性格）有更多認知，不要只執著行為的本身，而是理解每個性格行為背後的動機和價值觀。每個性格上都有盲點，也

沒有一個性格比另一性格好或差，只是你選擇如何看待這
段關係和怎樣相處。但如果能夠對自己和別人做到多承認
（acknowledge）、多接受（accept）和多欣賞（appreciate），
相信可以減少很多不必要的磨擦和衝突。

　　故事內有些情節你可能會感到似曾相識，藉此希望能
給予你反思的機會，嘗試代入對方的角度了解他的想法，可
能會有另一番體會。雖然每個人對理想關係的定義都各有不
同，但請相信自己凡事都有選擇，更加需要相信自己每個決
定也必是你當下最好的「選擇」。

Jessie

吳婉琪 Krista Ng - 簡介

· 企業培訓師

· ABNLP 認可 NLP 發證導師

· 臨床心理及催眠治療師

· 認可 LEGO® SERIOUS PLAY® method and materials 促進及諮詢師

作者自序

從來沒有想過自己會成為一個專業培訓師。

從來沒有想過自己會成為一個心理咨詢師。

從來沒有想過自己會成為一個愛情專家。

更加沒有想過自己會成為一個作家。

現在我就是集以上身分於一身的人。

　　這是 NLP 賦予我能力做到以上的身分。還記得第一次接觸 NLP 是剛大學畢業沒多久，修讀服務業經營管理的我在誤打誤撞之下走上了培訓師生涯的道路。於是唯有進修一下，報讀了香港大學專業進學院的培訓管理課程。當時的一位同學說修讀完這個課程後便要遠赴澳洲修讀 NLP 的課程，希望日後能成為一位 life coach，這便是我人生第一次接觸 NLP 這三個英文字母。後來在互聯網上搜尋了一些資料，才粗略知道什麼是 NLP。我本來也想修讀有關課程，但一般具規模的認證課程都動輒萬多元，我當時還未很了解 NLP，確實不敢貿然報讀。

　　剛巧那時候我接觸到 Enneagram。一向很喜歡研究星座的我，對性格分析有很大的興趣，於是便買了一本九型人格的書來研究。由於當時覺得 Enneagram 跟星座是類似的學問，故此我將它歸納在休閒類別，所以並沒有正式報讀任何課程。及後因為工作繁重，再加上修讀碩士學位，便沒有時間再研習了。沒想到接近十年後，它們又再次出現在我的生命中。

　　直到 2013 年底，我突然報讀了 NLP 課程。（人生總有些時候會忽發奇想）真的是很突然，我只是在 facebook 看到一位朋友完成了 NLP 高級執行師課程的感想，說 NLP 令她改變了很多，變得很正面。於是想也沒多想，便立即報讀了

同一間機構舉辦的 NLP 執行師課程，正式踏上我的 NLP 之旅。從 Practitioner 到 Master Practitioner 到 Trainer 再到現在的 Master Trainer......to be（因為我仍在努力修行中），短短三年多，NLP 已經融入了我的生活中，成為我生活中不可或缺的部分。

去年年中，Harry ——我的「師傅」（其實他是我 NLP 的導師，但我一直背後都是這樣稱呼他的，因為確實在他身上獲益良多，而且他真的是一個很好的 trainer，這是出於對他的尊敬）問我有沒有想過做作家，告訴我 Jessie 有意寫一本揉合 NLP 和 Enneagram 的書，正在尋找合著者，於是就促成了這本書的誕生了。

Jessie 和 Liz 是我修讀 NLP 高級執行師時的同學，所以一早已經認識，及後又因為他們報讀了 NLP 培訓師的課程，於是便熟絡起來，所以我們四位作者一拍即合。因為參與這本書，我更認真地報讀了九型人格的相關課程。

以愛情為主題，我很是喜歡，因為愛情自古都是一個令人感到很煩擾的問題，所謂「有又煩，無又煩」。有男女朋友的，就會煩惱怎樣可以捉緊另一半，以免心愛的「筍盤」給別人搶走。已經分手的，又會擔心何時才找到心目中的 Mr./Miss Right。還未拍拖的，更心急，擔心不知道是不是自己的條件沒有那麼好，所以才沒有找到另一半，身邊不乏很多這樣的例子。究竟如何才能掌握愛情的精髓，相信很多人都有這樣的疑問。其實兩個人的相處，真是要用心溝通，

了解自己及對方，才能互相包容體諒，感情才會長久。

　　我參與這本書的原因是希望把我學有所成的東西向大家分享，因為我自己得益不淺。我希望透過這本書，讓讀者從 Enneagram 上認知各人有不同的性格，再以書中不同的例子反思自己，從 NLP 上懂得 C＞E，願意承擔責任，最終目的是知道自己是有「選擇」的。但當然不要因為了解之後就給自己「定型」。而是在了解之後，知道了自己及對方的優點和缺點，從而更加互相體諒對方（Respect for the other person's model of the world）。另外，每件事情都有它不同的「面」，問題是你懂不懂從不同的角度了解事件，所謂「一念之差」，其實就是你對事件有了新的見解，用了另一個角度去了解事情。凡事不要「側埋一面」，人云亦云，多角度思考才是王道，這樣你會發現你的人生變得截然不同。

　　我要感謝身邊的每一個人，包括家人、朋友、同學、同事及我認識的每一個人，多謝你們成就了今天的我。我亦要感謝另外三位作者，很開心與你們合作！寫這本書時，正值公務最繁忙的時候，加上經常出差，常常都很遲才交稿，令進度有所延誤，真的是十分抱歉，感謝你們的體諒及包容。

最後，謹將這書獻給對愛情仍然有憧憬的人。

Krista

寫於一個夜闌人靜的晚上

吳淑萍 Liz Ng － 簡介

· 企業培訓師

· ABNLP 認可 NLP 發證導師

作者自序

猶記得本書作者之一 Jessie 邀請我一起合著本書時,我沒多加思索便答應了。

如此爽快地接受邀請,並不是因為自信。反之我是個挺

自我封閉、活在內心世界的人。自小喜愛幻想,對事物十分敏感,常將所見的、所聽的幻化成不同的故事,一直憧憬有一天能把想像的化身成為文字。因此,很感激本書的另外三位作者 Harry、Jessie 和 Krista,對 NLP 及 Enneagram 的堅持及熱誠,而成就了我的夢。這次寫作既是一個機遇,亦是一個「選擇」,因為我選擇了 NLP、選擇了 Enneagram,選擇了跟三位滿腔熱誠的作者一起學習,以及選擇了相信自己。

剛開始寫作時,我只是想將所學的紀錄下來跟大家分享,而且認為 NLP 及 Enneagram 兩者有不少共通之處,將之 crossover 會是一項令人振奮的計劃。然而,在創作的過程中,我意外地發現這不是一個單向的寫作旅程。我嘗試以「不知」的心態,將自己代入不同角色,發現更能與書中的人物連繫,更真切了解不同人的思考及行為模式。整個過程如同在黑房內跟不同的陌生人對話,大家解除任何猜度和疑慮,細訴在燈光下不敢坦言的心底話。這些心底話往往是關係中所隱藏的刺,希望藉著本書坦蕩蕩地呈現在大家面前。沒錯,你閱讀的正是一本如此赤裸裸、有關愛情的書。或許你在閱讀過程中感到共鳴,並詫異這正是你跟伴侶所發生的情況,但請你嘗試從第三身的角度去看,你會更了解伴侶的想法,在感情上更能做到「三不」,就是「不批評、不責備、不抱怨」。這是不容易的,但請相信,以及選擇相信自己。

如果要我去形容這本書,它就恍若兒時製作的 3D 眼鏡。一邊是紅色的,另一邊是藍色的,通過濾去不適合的光,

令影像能立體地呈現眼前。這正正是 NLP 跟 Enneagram 揉合後所產生的化學作用，令你能更立體地去看事物，從更多角度去了解對方，更多方面去思考及處理現有的感情問題。當然，你可以選擇繼續用單色的鏡片，但請相信自己打開本書並非偶然，這絕對是你的選擇，請你繼續戴上這副 3D 眼鏡，一起去追逐真摯的愛情！

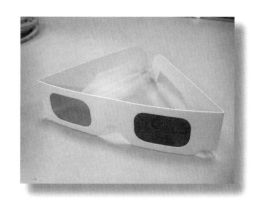

Liz

導讀　This is Not a Plastic Bag

你認為你認識你自己嗎？
你想加深認識你自己嗎？
你想多加認識你的另一半嗎？
你想擁有一段愉快的關係嗎？

就是以上這四條問題和我們所收集回來的答案促成了這本書。每當我們就以上的問題提問邊的朋友、親人和其他作事前研究的受訪者，他們都一致地回答我們：**「當然！」**但相信你們也會發現，很有趣的是，當我們認為自己很認識自己，其實非也；當我們表面都想透過多認識自己去改善和強化自己，我們卻往往害怕接觸和面對內在的那個「自己」；當我們很理所當然想加深認識自己的另一半，但偏偏我們從沒有給予對方足夠空間跟自己溝通；當我們都說很想擁有一段愉快的婚姻／愛情關係，但是我們在種種情況下卻成為破壞雙方關係的罪魁禍首……是無奈但卻是不爭的事實。

首先，歡迎和感謝你們閱讀這讀本；同時我們也想先此聲明，這<u>不是</u>一本關於九型人格（Enneagram）、神經語言程式學（Neuro Linguistic Programming or NLP）、或是愛情解碼的心靈勵志工具書。這是一本關於增強伴侶之間相處和互相欣賞的經驗分享結集，一本來把 Enneagram 和 NLP 應用（application）和融入（integration）於兩性關係的一本讀本。我們希望讀者能透過故事和文字裡找到點點的**「自己」**：一

些自己的盲點、一些自己在兩性關係中需要正視的領域、一些自己能作出對雙方最好的自由選擇權利。相對地，這讀本只能令讀者粗略地接觸 Enneagram 和 NLP 這兩套學說。所以若果讀者透過這讀本而對 Enneagram 和 NLP 產生興趣，想加深了解它們在生活或在其他範疇（例如：職場、親子關係等）的應用性，讀者可參考這讀本的附錄，或可電郵我們跟我們互動溝通、多作交流。我們無任歡迎。

我們這本書的命題是：**選擇（choice）**。相信大家很可能都有着這樣的一個成長故事：小時候，我們都會被家庭、大人、學校和社會去塑造他們所預設的那個「我們」。當然性格、際遇、命運等因素令我們跟其他人有所差異，但我們大都不能避免對愛情這課題有所期望過、努力過、得到過、挫敗過、失落過、迷茫過⋯⋯這些都是成長和關於兩性關係必經的甜、酸、苦、辣。不論是苦是甜⋯⋯卻仍然想。

愛情是毒藥也是解藥，最終都是我們的一個選擇。透過運用 Enneagram 和 NLP，我們希望讀者能作出自己認為最正確的選擇，給自己一個機會作出一些相應的改變去成就和完滿愛。要知道，我們不能用**相同**的自己，期望得到**不同**的未來。作為一套關於人類性格的學說，Enneagram 讓我們更了解和欣賞自己及別人的「所作所為」；作為一套賦有很強應用性於語言與教練技巧的學說和思考模式，NLP 讓我們懂得如何恰當地面對和處理當下跟伴侶相處的種種情況。所以 Enneagram 和 NLP 這個 crossover 的威力在於讓我們能在察覺到現況跟自己的相關性後，能找到一個最適當和正確的心態

和方法去處理當下的感情關係。

既然這不是一本標榜 Enneagram 和 NLP 的讀本，所以我們特意將我們想說的故事化，將不同性格的特質放諸於九個不同的男女角色身上。希望透過他們的感情、友情、同事之間的關係和不同的糾結引帶出不同性格在他們身上所帶來的影響，讓他們在故事中帶出我們在現今常常遇到的感情問題，以及他們如何作出最恰當的抉擇去**繼續選擇愛**和維繫一段**美滿的感情**去引發讀者們的共鳴。因此，我們建議你先閱讀第 30 頁的人物關係圖和第 31 頁的引子去理解每個角色的特質、他們的相互關係和一些故事簡説。

我們用了五個單元卻互相關連的章節去帶出時下你和我都會遇到的感情話題：

一 . 買樓不買樓

由相識、同居到婚後生活的微妙變化—為什麼此刻的婚姻生活沒有預期的美滿？為什麼往日的她／他跟現今的不一樣、走了樣？

二 . 信你不信你

太多預設、過分小心眼、雙方信任不足、不善解釋為什麼她／他不信任我？為什麼她／他從來都沒有關顧我的感受？

三．結婚不結婚

單向意願、愛理不理、關係的天秤從此失衡—為什麼每段關係都不能好好把握,最終都是分手收場?兩個人在一起本應是開心事,為什麼總是壓力重重呢?

四．愛你不愛你

愛情地帶充滿誘惑,愛上不應愛的人,一不小心,後果不堪—為什麼明知這是沒結果的一段感情,我們仍然情難自控?為什麼焦頭爛額,最終犧牲的總是我?

五．生仔不生仔

明明仍愛,卻見不到未來;明明關心,卻表達和感受不到—為什麼愛情好像是一個負擔多過享受?為什麼一起時間久了,熱情就一定冷卻下來而不能保鮮呢?

愛情、兩性關係、尋找 Mr. and Miss Right 從來都好像是一個「汪洋大海」,見不到盡頭的一個課題。而相關的讀本更猶如恒河沙數。所以我們再次感謝你們選擇閱讀我們這本書。希望透過我們的分享令你們對愛情仍存有冀盼、對另一半仍然有愛、對自己仍賦有信心。我們深信每個人都充滿選擇、充滿資源、充滿機遇去 do the right thing and make things right! It is all just a matter of *choice*, take the *chance* to make a *change*.

相信你們在享受閱讀我們的文章的同時,在過程中能夠找到屬於你們的智慧和勇氣,好好的愛!

人物介紹

Katherine

性別：女

年齡：29

職業：MOCC - 物流及資源部主管

性格：完美主義，追求進步，對錯分
明，非黑即白，嚴謹認真，實
際，獨立，主觀，決心，原則，
負責，夠耐力，行動為主，教
條主義，挑剔，愛批評，重視
公平，控制，固執，自以為是。

Teresa

性別：女

年齡：35

職業：地產經紀

性格：善解人意，充滿愛心，熱心助
人，樂觀，慷慨無私，細心體
貼，為人設想，洞察力強，善
於稱讚及鼓勵別人，需要別人倚賴，過分遷就，逃避自己
問題，無主見，壓抑情感。

Martha

性別：女

年齡：26

職業：MOCC － 行政助理

性格：有效率，自信能幹，圓滑，目標為本，自我肯定，形象出眾，善於交際，堅毅不移，做事全力以赴，重視成績，機會主義，虛偽，計算，虛榮心重，冷漠，好勝心強，善於利用別人。

Jay

性別：女

年齡：25

職業：Production House - 設計師

性格：感性，我行我素，獨特創作力，敏銳審美觀，觀察入微，同理心，體貼，真誠，追求與別不同，多愁善感，情緒化，太過敏感，愛幻想，永不滿足，享受被溺愛的感覺，自負。

Stephen

性別：男

年齡：40

職業：IT 資訊科技技術顧問

性格：觀察力強，分析力高，客觀，
理性，冷靜，博學多才，
愛思考，堅持，不追求物
質，抽離，冷漠，偏執，自
傲，不懂表達情感，內斂，缺乏
行動，不善於交際，不夠圓滑，人性化少。

Diana

性別：女

年齡：32

職業：MOOC - 市場推廣總監

性格：盡責，忠誠，穩定，服從，可
信賴，親和，熱情，計劃周詳，做
事條理，注重資訊，團隊精神，想
像力豐富，疑心重，過分謹慎，憂
慮，猶豫不決，簡單複雜化思維，偏
執，缺乏自信，追求安全感及認同。

Robin

性別：男

年齡：33

職業：Production House - 總監

性格：幽默，健談，好動，熱情，樂觀，具創意，趣味，享受生活，渴求多元化，好奇心，玩樂主義，不切實際，嬉笑怒罵，衝動，逃避現實，害怕沉悶，酷愛自由，重視過程多於結果，缺乏耐性及恆心。

Donald

性別：男

年齡：35

職業：創業家

性格：自我肯定，自我爭取，實事求是，強勢，直接，承擔責任，社交能力高，重視誠實，保護者，深信直覺反應，忽略細節及別人感受，不懂節制，討厭管束及囉嗦，率直，大脾氣，不能示人以弱。

Alvin

性別：男

年齡：32

職業：酒店集團繼承人

性格：溫厚和善，平和舒泰，樂於
包容，與世無爭，有耐性，
很會遷就別人，容易被同化，
樂觀，不炫耀，無主見及決斷力，過分依賴，沉悶單調，
缺效率，不求進步，少推動力，拖延散漫。

人物關係圖

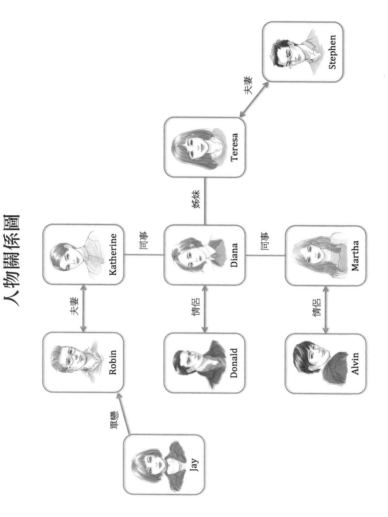

引子

不可以説我看盡人生百態，但在職場這幾年裡，看見不少男女因為各種的因素離離合合。究竟是難以找到對的人，還是你不懂珍惜？

愛情總是看似複雜，其實很簡單！只要你明白男女大不同，每個人都有着自己獨特的性格，互相尊重，互相體諒，就不會有那麼多故事發生。

但我真的不能不承認，身邊總會有幾個這類的例子，無論男方或女方，都想不開、想不通，這又何必呢？

來到這間公司工作，我又看見不同的例子了……

買樓不買樓

樓奴

　　Katherine 是校內的模範生，品學兼優。老師喜歡對錯分明的她，不論是有多親近的同學，只要他們有違校規或做不恰當的事，Katherine 都必向老師匯報，所以她是老師們的「永遠班長」。相反，部分同學對 Katherine 的行為極為不滿，說她為了領功和討老師歡喜而出賣同學，稱呼她為「二五女」。但 Katherine 不介意同學的疏遠，她只是做她認為應該要做的事，並沒有討好別人的想法，她認為勤奮讀書、循規蹈矩是學生基本的責任。除了學習，凡事認真、努力做到最好亦是她的宗旨。

　　Katherine 與 Robin 在工作上認識，Katherine 欣賞 Robin 對自己專業的堅持及態度。除了 Robin 的辦事能力，他的樂觀開朗，幽默風趣性格深深吸引 Katherine。Robin 像是百般武藝，什麼都略懂一二，還經常出點鬼主意，每次與 Katherine 約會都懂得營造氣氛帶給 Katherine 一些小驚喜，對於向來直板的 Katherine 來說感到非常意外及快樂。

　　雖然 Katherine 認為 Robin 有時做事不切實際，例如 Robin 會花整個月的工資在心儀玩具上，又會提議 40 歲前退休坐郵輪環遊世界等等，但對 Robin 這一種能在工作時認真，玩樂時有趣的男生依然著迷，就算 Robin 想法再天馬行空或性格上有所不足，Katherine 都能欣然接受，享受溫馨時光。

　　朋友眼中，Katherine 與 Robin 是最能表現出凹凸相配

的一對。Katherine 的一絲不苟彌補了 Robin 的粗心大意，而 Robin 的隨意可以緩和 Katherine 的自我批判壓力。大家很多性格上的特質都能夠為雙方互補不足，同時，某些事情大家的想法也顯得一致，實在是完美的配合。

戀愛甜蜜期的時候，雙眼通常都被蒙蔽，只能看到對方的好，不好的，都會一笑置之並以合理化的理由來支持自己接受，甚至給予自己一個希望：另一半有天將會為自己作出改變。但相信這個希望大多數都只會是一個「奢望」。熱戀期過後，儘管 Katherine 認為 Robin 太過玩樂主意，但 Robin 讓人看到快樂的世界，正面思維的魅力實在令 Katherine 難以抗拒，最後決心與一個不完美的「甩繩馬騮」攜手到老。

「相見好，同住難」這一句説話套在任何關係上都非常合用，生活上有很多不為意的小細節都能產生想像不到的衝突。對於新婚夫妻來説，起初同住實在是一個巨大的考驗，兩人過往的生活習慣截然不同，能夠融合互相的生活當中，還是需要一段磨合期，時間長短就視乎雙方的選擇。除了生活習慣，婚後另一學習課題應是財政管理。當 marital status 由 "single" 轉為 "married" 的時候，代表著經濟責任不僅只有自己，而且還要承擔配偶及小孩的部份。

婚後 Katherine 與 Robin 一起生活久了，Katherine「只有應該或不應該」的理論慢慢操控著重視自由不拘束的 Robin，拘泥於 Robin 的一些小錯處，經常堅持己見，顯得固執。

「廁所板用完應該要放下來蓋好！」

「不應該沒有刷牙便吃早餐！」

「穿過的衣服及襪子應該放到洗衣籃，不應隨便掉在地上！」

「用完的物品應立即放回原處！」

「外套應是掛在衣櫃而不是椅子！」

雖然 Robin 每天都聽著同樣的說話，但他從來都不在意，這些對他來說都只是芝麻小事，就算廁所板沒有蓋好，外套掛在椅子上又如何？

「為什麼？」

「是我的習慣，對你有影響嗎？」

「不是不放，只是晚一點放有問題嗎？」

「不放對生活構成威脅嗎？」

「掛一會兒有什麼大問題？」

Robin 對 Katherine 的要求摸不著頭腦，反而視她的指責為負擔。久而久之，他們的關係漸漸起了變化，Katherine 對 Robin 積存了很多不滿，同時 Robin 也投訴 Katherine 常常剝削他的自由。

有天，Katherine 如常下班後趕回家做晚餐，當她在廚房忙得不可開交時，Robin 手挽著大小二袋回到家。

「老婆，告訴你一個好消息。」Robin 興高采烈地說。

「什麼好消息，莫非接到大 Job？」Katherine 用期待著

答案「是」的眼神看著 Robin。

「不是啦，今天出了新 Air Jordon，這是超級熱賣款，我排了一整天，終於給我買到了，你可知道，今天氣溫高達 35 度，在室外排隊真的很難耐，但為了買這對心頭好再熱還是值得的。」

「這對跟你以往買的十幾款究竟有何差別？」Katherine 板起面問。

Robin 覺得 Katherine 很掃興，並不懂得欣賞他的玩意，他便走開不再理會 Katherine，在客廳繼續自己享受他辛苦得來的成果。

整頓飯 Katherine 都板著臉，默不作聲。當電視新聞報導著現時樓市的情況，Katherine 忽發其想：「既然結婚前大家都有置業的打算，只是當時沒有足夠的首期，但現在樓價已回落了一點，看來前景又不會有很大的波動，一個小小的上車盤應該可以應付得來。加上 Robin『無尾飛陀』，只顧吃喝玩樂，是時候給予他一些管束和責任了。」

「老公，最近九龍區有個新樓盤，位置很好，交通又方便，附近配套也很完善，這個周末不如一起去看看吧。」

「什麼！為什麼我們無緣無故要去『睇樓』呀？」

「買樓是遲早的事，既然現在有能力，何不及早計劃，settle down 後才生育小朋友不是更好嗎？」

「但我們的儲蓄只足夠買一個蚊型的單位，何必辛苦自己住在 300 呎的蝸居呢？還是再等將來有足夠的首期再算

吧。」

「還等？你接 Job 的要求多多，沒趣的不接，客戶難應付的又不接，只管想做才做，還經常花費追求波鞋這些潮流玩意，無數的興趣班，何來儲錢？」Katherine 發怒地罵著。

「我們現在不是很好嗎？沒有任何束縛，想買什麼就什麼，去哪裡旅行就去，生活不是應該這樣的嗎？何苦要做一世樓奴呢？」

未知的人生才是好玩的，活在當下才是快樂。

人生應該要有規劃的，今日的準備是為了將來的幸福。

「我不管，我的計劃肯定對我們將來的生活是最好的安排，你要聽我的！下周公司的 Met Gala 慈善晚會，有很多商

界名人、高層都會出席，我會給你介紹認識，到時你穿得體面一點，給人留下好印象，把握爭取合作機會呀！」

　　Robin 不想再爭持下去，了解 Katherine 的固執性格難以說服，草草點頭回應了 Katherine 便算。其實 Robin 心底裡都沒將 Katherine 的說話放在心上，內心只是在埋怨 Katherine 阻礙他享受生活的自由，對 Katherine 的專橫真的要被屈服嗎？

完美

一年一度的時裝界盛事——Met Gala 慈善晚會即將迫近，MOOC 作為籌辦單位，全公司進入瘋狂狀態。作為行政助理的我，每天都被不同部門召喚，每件事都是十萬火急，迫在眉睫。

看著一套套珍貴的高級訂製服從世界各地運來，作為物流及資源部主管的 Katherine，認真審視各項工序，由拆貨、品質檢查、搬運至擺位每一細節，她都一絲不苟。即使是裙擺的擺放角度，她都修正了一小時，跟她一起工作真的透不過氣來！

不過，數到壓力最大的，我想是 Katherine 的老公 Robin 及我的好友 Jay。Robin 的設計行公司（production house）在行內可謂數一數二，加上 Katherine 的推薦下，公司毫不猶豫地選用了 Robin 公司。Robin 天生主意多多、創意無限；而 Jay 自小認識就是天生的藝術家，帶著 Central St. Martin 一級榮譽回來，很快便加入了 Robin 的公司，兩人一直合作無間，獲得不少國際設計大獎。

Jay 常跟我申訴 Katherine 像是穿 Prada 的惡魔 Meryl Streep，每項細節都一改再改至準確無誤，迫得她跟 Robin 快要瘋癲。從她口中得知 Robin 並不太想接這項工作，一來要應付 Katherine 的高要求，二來他只接喜歡及覺得好玩的

工作，對於這些國際盛事，他寧可掙少點錢亦不想失去創作自由。聽說在 Katherine 多番拉攏和說服下才接下來，為此亦吵過好幾場交。

兩人間的火藥味有增無減，每天回到場地佈置工作，感覺身在戰場一般。未踏入會場已聽到兩人的聲音。Katherine：「本來的計劃並不是這樣的，怎可以隨意說改就改？顏色亦出現了問題，原本是冰粉色的，現在的顏色太耀眼了，差了一個顏色就是錯了！要重新印過！」

Robin 不滿回應道：「計劃歸計劃。我們講求的是速度及靈活！**Everything is NOW!** 最重要是因應進度作出即時調整！顏色方面，我已跟你們的市場部溝通過了，清楚了解印刷出來是會深一度的！」

Katherine：「Luxury is in each detail! 那麼有關花的改動，你沒有解釋餘地了吧？本來訂的是法國 royal blue 色玫瑰，現在有變卻不事先跟我說！你平日在家中馬虎慣了，將衣物隨意亂放，也就算了，但你工作時可否認真一點呢？」

一質疑到 Robin 工作的專業性，平時嬉皮笑臉的他立即板起臉來：「我跟你提過如果法國天氣有問題，這種花有可能訂不到的，那就幫你找相似的取代。時間如此緊迫，難道我要事事報告嗎？如此執著是辦不了事的啊！況且是你找我合作的，就請相信我的專業吧！別把公私事混在一起說了！」

　　Katherine 沒好氣再爭論，望一望 Robin 的衣著説：「你不是打算穿這對 Jordan 和花襯衣去見商界名人吧？開場前你找個時間換掉，穿體面點讓對方留下好印象，説不成能談好生意來呢！」Jay 忍不住在旁暗笑，細聲冷嘲 Robin：「乖寶寶，校長是時候來檢查校服整齊，你再犯規就給黑豬了。」氣得 Robin 面都紅了。Robin 懶理 Katherine 的要求，隨即找藉口走開，叫我一起幫忙作最後 final touch。工作中的 Robin，收起嘻嘻哈哈的模樣，做自己熱愛的事起來比任何人更專注，每一個細節都力求完美，此刻恍如看到 Katherine 的影子。

　　滿腦子鬼主意的他，忽然靈機一動，不懷好意的望著我：「你就跟我一起去見見那些所謂的名人，你假裝是我的助手，應該挺好玩的！」我心裡一沉，心知 Katherine 一定會不高興，但愛玩的他屢勸不聽，我想拒絕，但人已被他捉住了。Jay 在旁「見死不救」，馬上逃離這些應酬場合，只管吃花生看好戲。

　　Katherine 雀躍地帶著數位商界名人介紹給 Robin 認識，看到我在旁有點詫異。談了一會，我才明白 Robin 為什麼捉我來了，那幾位商界名人不斷吹噓自己的業績和上市大計，快把 Robin 悶死了。

　　好不容易談到 Robin 喜愛的車，卻又踩中 Robin 的地雷。胡總理跟大家分享買車「偉論」：「剛剛我在停車場看到一輛鮮黃色的 MINI Cooper，整個車頭都放滿了 figures，十分可

笑！大家應該學我投資在保值的東西上，不要像時下年青人花錢在這些無聊的『玩具』上。」

Robin 沉不住氣說：「是嗎？像玩具不好嗎？有誰沒玩過玩具？我就是車主，你口中的小朋友！」氣氛頓時變得僵硬……大家沉默了數秒，趕緊轉個話題，並找個藉口失陪，逃離這尷尬場面。

離開人羣，Katherine 跟 Robin 又爭辯起來。Katherine 指著我跟 Robin 說：「我認真介紹人給你認識，你幹麼捉著我同事上演鬧劇？很好玩嗎？你剛剛失言了，你知道嗎？胡總他的面色很差，我看他對你的印象不太好。」

Robin 偷笑了一下：「那就最好不過了，我對他的印象亦不太好。」

Katherine 又氣憤又失望地說：「你看看自己的打扮和言行，一點都不 proper。為什麼你由我們相識至今都只顧著玩？胡總說得沒錯，用錢去不停改裝你的玩具車，一點都不實際！你有沒有計算過我們要供樓，要儲蓄多少錢呀？」

Robin 聽到供樓已覺心煩，反駁道：「Proper？你每件事都要用尺去量度嗎？ Life is for FUN！我們以前可以開開心心去扭蛋，一齊去排隊買限量版波鞋，為什麼現在要被供樓困住自己？為了供樓可以失去生活，失去自由嗎？我寧願簡簡單單租屋便算了！生活得開心最重要！」

Katherine 說：「原來你從沒想過供樓！你一直都是這麼

自私！結婚之後都只是為自己著想！你這麼不成熟，還說希望有小朋友，你教我們如何養呢？」

Robin 似乎被觸動了神經，突然氣憤走開，又氣沖沖回來放下一袋子，高聲道：「自私的我送給你的！」Katherine 有點愕然，打開袋子，才驚覺是她一直想要的 LEGO 玩具屋。Robin 酸溜溜地說：「真實的房子我暫時買不起，但我仍想給你最快樂的家和花園，所以買了這間玩具屋逗你開心。屋裡的公仔是我跑了很多間店，最終托朋友特別訂造成我們的樣子的。」

Katherine 無言以對，雙眼紅了起來。Robin 繼續說：「你還記得這對 Jordan 和恤衫嗎？第一次我們去日本旅行時你送給我的。我一直沒有穿，是因為我真的不捨得用！本來想逗你開心，現在已經沒意思了。在你的心目中，只有對與錯，而我做的都是錯，在你的評分表中只有減分而沒有加分吧！抑或是我一直都是負分呢？你這班商業人士我真的沒有興趣合作，我先走了。」

看著 Robin 失落離開，一直在看戲的 Jay 急急追上，兩人的身影慢慢在人群中消失。剛才凝重的 Robin 跟平時調皮的他實在太大反差了，嚇得我跟 Katherine 亦呆了不知如何是好。我趕忙發訊息給 Jay 叮囑好好看著 Robin，但她整晚好像消失了似的沒有回應。

我坐下跟 Katherine 對望，心想安慰她：「沒事的，Jay 會看著 Robin，他冷靜過後便沒事了。」Katherine 冷笑說：「很

失禮吧，在這場合大吵大鬧⋯⋯男人就是這樣！是永遠長不
大的小孩，一生氣就一走了之⋯⋯」

　　Katherine 口中罵著，但我看得出她心中是在乎及擔心 Robin 的。

　　我挺替 Katherine 感到疲累，眼見她是心痛，是想哭的，但為了保持完美形象，一直堅持説沒事，繼續完成接下來的工作，並急忙替 Robin 向胡總致歉，希望保持 Robin 聲譽。

　　為了要達成自己定下的「完美」，別人眼中「應該」的形象及期望，她彷彿沒有真實面對過自己的感覺，這樣值得嗎？

理想

　　第二天早上接近中午時份，Robin 來到 office。因為昨天晚上他走得很急，東西都遺留在會場內。我們把所有東西送回辦公室，於是 Robin 便上來取回。我在 reception 看見 Robin，看他面容憔悴，而更奇怪的是，他還穿著昨晚的裝束，似乎他昨晚並沒有回家，難怪今天早上看見 Katherine 的面色那麼差。

　　我和 Robin 一起走到大會議室，尋找他昨天晚上留下來的東西。平時說話滔滔不絕的他，今天卻默不作聲。看他心事重重，我想應該是因為昨晚和 Katherine 吵架的事情吧。Robin 說不用我幫忙，他自己一個人找好了，於是我便離開大會議室，繼續完成 Martha 交給我的 event 善後工作。

　　走回座位時經過 pantry，見到正在沖咖啡的 Katherine，於是我刻意上前告訴她 Robin 在大會議室。我等待著她的反應，但是 Katherine 只是面色一沉，沒有回應。她正想拿着咖啡杯轉身離開 pantry 時，剛巧 Robin 進來。沒想到 Robin 立刻高聲地邀請 Katherine 一起吃午餐「撐枱腳」。我特別留意 Katherine 的反應，我看見她有一絲不太願意的神情，但看見兩位市場部的同事剛巧路過 pantry，她旋即望向我，然後淡淡地說：「好啊，你都一起來吧。」於是我便硬被拉去和 Robin 跟 Katherine 一起吃午餐了。

　　到了餐廳，我們選擇了最裡面的一張四人餐桌，Robin 選擇了坐在 Katherine 旁邊，我唯有坐在 Katherine 的對面，所以好像變成我一個對著他們兩個一樣。點過了午餐，服務員離開後，是一片沉默，感覺空氣瀰漫着一種僵持。我假裝沒事地隨意的問：「最近有沒有好看的電影介紹？」但換來的還是一片寂靜。我忍不住問：「你們兩個發生了什麼事？昨天晚上吵了架，今天又好像貼錯門神一樣！」

　　Katherine 仍是板着臉，Robin 面色有點為難，但還是開口說道：「我們能不能好好地談一談？」Katherine 看着我，神情有點為難。Robin 看得明白，於是便說：「昨晚的事，他也知道了，沒所謂吧，多一個人評理也好。」然後又是一段沉默。

　　幸好食物很快便來了，我提議不如先吃點東西。坦白說，三個人同一個餐桌吃飯，連續十分鐘都沒有半點聲音發出，沒有一句交流，這氣氛是有點尷尬的。我一邊吃一邊靜靜地看著他們兩人，看得出兩個都著緊對方，Katherine 會不時偷偷看 Robin，而 Robin 亦一樣，可惜眼神始終沒有對上。

　　我看大家都差不多吃完，於是打破僵局，開口道：「其實你們覺得，兩個人在一起最重要的是什麼？」

　　Katherine 毫不猶豫回答：「有個家，安安穩穩地生活下去。」

　　果然是我預期的答案，我點了點頭：「嗯，安穩的生

活能帶給你什麼？」

Katherine 想了想說：「安穩的生活可以讓我開心。」

我看了看 Robin，他只是低著頭，沒有反應。

我繼續問 Katherine：「那開心是對你很重要的嗎？」

「開心固然重要，但兩個人在一起就應該要安穩吧。」
她繼續回答。「兩個人結了婚，組織了家庭，應該一起為自
己的家打拼。生兒育女，看著子女成長，然後一起慢慢變老，
完美的家應該就是這樣。」Katherine 眼裡充滿著未來的憧憬。

這時沉默了很久的 Robin 終於開口道：「我覺得兩個人
在一起最重要是天天都是開開心心地過，沒有什麼需要擔
心，無憂無慮。人生苦短，及時行樂最重要。」他好像要不
吐不快似的滔滔不絕地說。

「無憂無慮就是胡亂花錢嗎？」Katherine 不認同地問他。

「以前我們都是這樣，為什麼現在不能？」Robin 反駁
地問。

「因為現在我們結了婚，有了家庭，我們要負責任。」

「請問是對誰負責呢？」Robin 沒好氣地問。

Katherine 回答說：「當然是對自己負責任啦！」

Robin 冷笑一聲然後回應說：「哼，是誰定的規則？」

他們你一言我一語的針鋒相對，我感到有點無奈，我真的不能理解為什麼不能好好的談？

我忍不住打斷他們的爭吵：「Katherine，我想再問一下，你終極的理想生活是怎樣？」Katherine 想也不用想便回答：「有一個安穩的家，無憂無慮！」

聽到她的答案，我即時往 Robin 看去：「那和 Robin 的不是一樣嗎？無—憂—無—慮。」我故意把「無憂無慮」一字一頓地說出來。

我期待著他們的反應，兩人沉思了好一會兒，好像要細味我剛才的說話。我沒有騷擾他們，靜靜地等待著。過了好一會兒，他們不約而同地互相望了一望對方。

我繼續說：「其實你們兩個都希望過無憂無慮的生活，是嗎？」

「是的，但是不是像他那樣胡亂揮霍。」Katherine 搶先說。

我接著說：「先不要理會無憂無慮的定義是什麼，但大家終極的理想生活都是無憂無慮，是不是？」兩人同時點頭。

「只不過你們兩人對無憂無慮的定義不同。這是因為你們的價值觀有所不同。」Robin 和 Katherine 好像被我一語道破似的，恍然大悟。

　　我繼續説：「什麼東西對你們來説是最重要的，我想大家都應該清楚了。既然大家的目標一致，現在應該想想如何達成這共同目標。」

　　兩人望著我，好像等待我的答案。我唯有説：「你們未來的路是你們走的。我這裡沒有答案可給你們。我認同Robin所説人生苦短要及時行樂，我也認同Katherine所説要為自己的家庭打拼，對自己負責任。既然兩者都對，能不能在中間找到一個平衡點呢？」

　　聽完我説這番話，兩個人很認真地想。這時我的手機響了起來，原來是Martha致電給我。看了看手錶，原來已經是下午二時三十八分，遠遠超過平時的午飯時間，看着手機仍然在響，我向兩人説：「你們好好想想應該怎樣達成目標吧，我要先回辦公室了，不然我會給炒魷魚呢！」

　　臨別時，我回頭再向他們説了一句：「你們既然有了共同目標，大家都希望過無憂無慮的生活，我相信其實我不用給你們答案，因為答案從來都在你們的心裡，只是還沒有想到，好好想想吧！」然後便急急離開餐廳走回公司了。

放下

To love or not to love……每段關係都有它的關鍵字，
這一回 Katherine 跟 Robin 的叫「**相處**」（togetherness）。

用這一雙「活寶貝」去形容 Katherine 和 Robin 這對情侶
實在不為過。事實上，在九型人格裡，有數個性格的人，若
把他們放在一起，火花注定四濺。當中 Katherine 和 Robin 這
兩型更屬表表者：

一個完美主義者碰上一個玩樂達人；
一個高要求大師大戰一個隨心專家；
一個遠策能手遇上一個當下先鋒……

令我不期然想到「凹凸」這個用語。以前當我還是年
少無知的時候，總覺得會找到一個跟自己性格、喜惡、興趣
每方面都一致的女生，也覺得大家一定要「凹凹」或「凸凸」
方能天長地久、海枯石爛。結果多年來尋尋覓覓，「白果」
堆積如山。後來我又認為，若繼續去尋找那個「不同性別的
自己」只是徒然。所以我便「轉吥」去追求一些跟自己在各
方面都相反和不同的「凹凸」女生。起初真的非常興奮刺激，
天天新鮮，甚至在日常生活上能互補不足；但相處下來，卻
因為大家的所思所想實在真的南轅北轍，每每一開口便是互
相批判，最終那個「天天新鮮」變成「鑊鑊甘」，分手收場

最終成為指定動作。

　　兩個人走在一起，永遠沒有一樣。當我們尋找另一半的時候，着眼點從來不應放在「夾唔夾」，而是尋找一個你肯為他／她付出，願意去「夾」對方的那位。Katherine 和 Robin 這一對情侶固然從性格、想法以至日常生活上的細節很多方面都非常「唔夾」。但相對而言，他們的價值觀是否一致以及雙方的溝通是否健康反而更為重要。

 "Behind every behavior is a positive intention."

– NLP key belief

　　要知道，我們的表面行為、態度以及言行舉止即使不合乎對方心意，但其實背後一定有一個正向的意圖和目的去支撐着。若要跟對方好好相處，每每執著於對方的行為是很無謂的，除了必然會氣壞自己之外，扼死了對方，令對方透不過氣來，最終白白斷送一段大好姻緣就夠可惜吧。Katherine 和 Robin 這一對，一個想買樓生仔，另一個想旅行買 Air Jordan 波鞋，其實兩個都無問題、沒有錯。錯就錯在大家都着眼於對方的**表徵行為和要求**，而沒有深究對方其**行為背後的因由／意圖**，所以經常火星撞地球是必然的事。

　　每個人做每件事，背後一定有一股動力和主觀意願推動着我們。**價值觀**就是主宰我們為什麼做（或不做）一些事情的機制。當然，有些價值觀是我們想要的（例如：愛／被愛），同時也有很多是我們**需要**的（例如：努力維繫一段幸福美滿

的婚姻）。我們每個人有很多價值觀去驅使我們作出種種日常的行為和決定，當中有些我們是知道的，但也有一些是連自己都不為意的。就比如説 Katherine，原來一個人要對自己負責任，要有時間表生小孩子，要有計劃去儲錢買樓置業，其背後是為了日後能有一個無憂無慮的生活，和跟 Robin 有一段幸福美滿的婚姻關係。這點相信連她自己都可能意想不到，更何況是 Robin ！而 Robin，雖然表面上他好像是一個還未成長的「大細路」，常常有停不了的新點子、新玩意去把他的時間和專注拿走。但從另一個角度去看，他只是懂得及時行樂，將辛苦工作背後的價值即時盡情發揮，把「無憂無慮」這個最重要的價值觀放諸此時此刻，能跟身邊所愛的人一起分享快樂的每一天，而不是推遲十年、二十年後的將來。

很多情侶都希望自己的另一半跟自己的想法和方向都一致，然而欲速則不達，往往我們越想得到的，會不期然用「我咁做都是為了你／我們好」來作擋箭牌，給了對方無形壓力，令雙方都變成輸家。而對於像 Robin 這種性格的人，自由確是無價的，但同時卻要付出很大代價（相信我，我是真的非常明白、深深體會的⋯⋯哈哈〈苦笑〉！）。所以 Katherine 和 Robin 的問題已不是買樓不買樓，或是能否買下一對 Air Jordon，而是應如何對「無憂無慮」這個重要的**共同價值**拿捏平衡、雙方能否取得共識。首先，就是一定要大家坐定定、心平氣和地先「**傾場好偈**」！買樓與否於 Katherine

和 Robin 這個個案實屬其「行為」，最重要是讓大家有個機會讓對方聆聽到自己內心的「意圖」。那個分享和被聆聽的空間實在是非常重要和關鍵。很多時候，一對情侶來到我的自癒工作室作諮詢時，我主要職責就是去營造和維持一個融和及安全的環境，好讓他們倆能有一個說話和聆聽的空間。這樣的話，通常效果非常顯著，結果也往往會出人意表，就連他們倆都意想不到呢！

我深信，與其不斷企圖將自己的意願加諸於對方，要（迫）對方妥協，倒不如首先放低自我，給予對方空間和機會去緩解（air out）與淘空自己（empty out）。這樣的話，即使最終哪一方為這段關係作出妥協，都會變成一件自然和樂意的事，感覺相對會消了氣。

一對情侶，一方固然應**放下**面子，另一方的也應**放下**執著。**不斷進迫抑或先讓自己向後退一步，我們是有選擇的。**完美的計劃固然可以逐步調整，無止境的享樂也絕對有下調空間。只要大家仍然關愛對方和多製造空間作適當的交流，事情總會有方法解決。

曾聽過這樣的說法去描述一對情侶的距離遠近：

當她說人與人之間最近的距離就是當大家緊緊相擁的時候……

他卻認為，正因為地球是圓的，若然大家相隔越多、分開越遠，從另一角度去看……大家的距離反而會變得更近。

對我來說，距離遠或近，你和我都可以有不同的看法和演繹；對於愛情這課題更甚！但我們從來有選擇……

故事發展下去，你認為 Katherine 和 Robin 他們倆的距離會再次走近還是越走越遠？抑或他們的想法和價值觀從來都是一致，只是演繹不同和缺乏清晰溝通而已呢？

延伸討論

1. 當你的伴侶**事事追求完美**時，你會如何讓她／他放鬆下來，令她／他明白和接受世事總有意料之外的時候，甚至有時意想不到的事情也有其好處的呢？
2. 當你的伴侶**追求及時行樂**時，你會如何令她／他能退一步，凡事多三思，懂得醒覺，以及尊重一些環境中必須遵守的規則？
3. 兩個人走在一起，應如何讓對方好好了解自己的感受？

參考資訊

1. 絕大部分結了婚的男女在他們第三年的婚姻是最快樂的。來　源：*"Marriage study finds couples are happiest three years after wedding", The Huffington Post*（2013）
2. 都說男人非常要面子，其實很多時候女人比男人更要面子。尤其是在感情上，有些女人明明知道自己是錯，可是為了面子和尊嚴，無論怎樣也不肯道歉。作為男人，如果你是愛她，不想失去一段美好的愛情的話，即使女人不肯向你道歉，你不妨屈尊先向她道歉。只有你能先作出讓步，她才會相信你還是愛她。來源：*www.wed853.com*（2011）
3. 「愛情」與「自由」向來是冤家對頭，你要自由就容易失去愛情，要愛情就容易失去自由。來源：不詳

信你不信你

懷疑

Diana 手機上的 apps，繼行事曆之後，使用得最多應該是 facebook 吧。面書對她來說是生活不可或缺的一部分，因為除了能滿足她收集別人資訊的八卦興趣外，也是幫助了解另一半 Donald 的生活及社交圈子最有效的途徑。

Diana 習慣睡前會上面書，某天晚上她如常躺在床上滾動著最新動態時，看見了幾張 Donald 被 tag 了的相片。相中除了有 Donald 的生意伙伴外，還有一名素未謀面的女子。背景是一間酒吧，他與那名女子看似親密，搭膊攬腰，春風滿臉，面上還略帶點醉意。當刻 Diana 的懷疑神經質系統響起警報，十萬個為什麼即時湧現在腦海。

「他說只跟生意伙伴吃晚飯，為什麼會在酒吧呢？」
「為什麼 Donald 跟她那麼親密？」
「她是誰？」

Diana 很想拿起手機致電給 Donald 問個究竟，但又害怕 Donald 討厭她的管束及囉嗦，猶豫不決，最後敵不過內心的恐懼，還是放棄了。Diana 只好不停將那幾張相片放大縮小，嘗試找尋一些蛛絲馬跡來解答她的疑問，可惜並沒有任何幫助，只是越看越感憂慮。經過幾番掙扎，她發了一個看似簡單問候而背後其實存在動機的訊息 "Home yet?" 來試探

Donald 的反應。她整晚手機都不離手，還不時上面書查看有沒有關於 Donald 的資訊更新，同時她想了很多台詞，待 Donald 回覆時按情況出招。

終於等到 Donald 在 whatsapp 上線了，Diana 目瞪口呆看著她發的那個訊息，正心急那「雙剔」還未變為藍色時，屏幕很快便顯示 Donald 的狀態是「已離線」。Diana 的期待落了空，她的負面思維再次啟動了她無限的想像力，化身為那些老套的電視劇主角被小三搶了她的男友，一幕幕的劇情畫面不受控制地不斷在腦中浮現，就這樣她受壓在懷疑及焦慮的情緒下度過了一整晚。

隔天 Diana 相約 Donald 一起晚飯，兩人在餐廳坐下來後，Donald 問 Diana 想吃什麼，而 Diana 慣常的答案都是「沒關係，什麼都可以。」其實 Diana 通常都有她的主意，只是害怕表達自己的意見。但這夜 Diana 的心思根本都不在食物，她當然更加沒有意見。Donald 急口令式點菜後，才發現 Diana 面色有點異樣，感覺她不對勁。Donald 不停問著 Diana 什麼事，而 Diana 多次的回答都說：「沒事！」Donald 很了解 Diana，每次當她語調沉下來說沒事便是「有事」，而 Donald 最不滿 Diana 的就是這樣有問題不直接表達出來，經常讓他在猜。

Diana 看見 Donald 不耐煩的樣子開始緊張起來，不知如何是好。這個時候，剛好侍應送來沙律，Donald 趁著這機會便拉開話題說說食物的質素，希望藉此能緩和一下氣氛。

　　但無論 Donald 說什麼都好，Diana 只是微微笑，點點頭，因為她正在盤算如何開始她的問題，怎樣問 Donald 才不會有強烈的反應。Diana 看見 Donald 的情緒平和了而主菜又差不多吃完，這時 Diana 讓侍應拿來甜品餐牌，像似要點餐，但其實餐牌只是她的小道具，好幫助她之後跟 Donald 的對話沒有直接的眼神接觸。Diana 低頭看著餐牌，然後慢慢帶入話題。

　　「Oh……昨天的晚飯怎麼樣？有否談及新的合作計劃？」Diana 預設好的開場白。

　　「還可以，詳細內容要再商討。」

　　「哦，晚飯除了生意伙伴，還有其他人一起嗎？」

　　「沒有。」

　　「但是……我在面書上看到你跟幾個朋友好像在酒吧消遣。」

　　「是的，昨天談話中才發覺互相是大學的師兄弟，剛巧有幾個共同朋友，所以晚飯後便相約出來聚聚舊，這個世界真細小，哈哈！」Donald 興高采烈地說著。

　　Diana 聽到這裡更加不是味兒，戚戚眉問道：「那個女子是誰？你跟她好像很熟絡似的？」

　　「朋友而已，稍後會有工作上的合作。」

　　「第一次相識就那麼親熱？」Diana 的語氣微微上揚起來。

　　「什麼親熱？只是普通交際應酬，不要胡思亂想吧！」

Donald 瞪著 Diana。

「搭膊攬腰這都不是親熱？那怎樣才算是？」Diana 怒氣沖沖問道。

「怎麼了？都説了是普通朋友，不要那麼小器好嗎？我們一起這麼久，我是什麼人你不清楚嗎？還不信任我？」Donald 掉下刀叉並氣憤地説道。

Donald 雖然外表剛強，但其實他是很有承擔的，是別人眼中的「大哥」，經常保護有需要的人，並願意承擔責任。只是他不太懂表達情感，對小事比較粗心大意，所以容易忽略了別人的感受。Donald 討厭他的忠誠被質疑，氣憤 Diana 不諒解他，與客戶及合作伙伴打好關係只是為了日後工作可

以順利一點，做大事不應拘泥小節。

　　Donald 的反應令 Diana 不知所措慌忙地回答：「只是問問而已，需要這麼大反應嗎？沒什麼了。」雖然説沒事了，但她的心裡還是多增了一根刺。

　　「他究竟有否想過我的感受？」
　　「他有嘗試理解我嗎？」
　　「為什麼每次都是我錯，我小器？」
　　「是我真的有問題嗎？」

信任

　　Met Gala 晚宴日漸迫近，Diana 的內心更是忐忑不安。公司難得獲取了到這國際盛事的籌辦權，作為市場總監的 Diana 絕不敢掉以輕心，每天光是擔心晚宴的安排已是茶飯不思，跟 Donald 的私人爭吵亦暫且放在一旁，專注在工作上。

　　由籌備一刻直至晚會，我從沒看見 Diana 停下來。要不是不停追看 guest list 的確認進度，就是不斷調整座位表，深怕影星 A 與 B 不合。各名人所穿的衣服都經過她審批，以避免穿同款衣服的尷尬場面。她腦中仿似有一份完整的 checklist 及無限的 emergency plan，所有細節可能性都在其精確計算之中。

　　距離開幕前一小時，我仍對著 Diana 給我的數頁清單，逐一查看是否有遺漏。

　　「Oh my God! Diana, you look fabulous!」如此誇張而尖銳的聲音，把頭昏腦脹的我頓時喚醒過來，不用看也知道是最愛出位的 Martha。看著 Martha 跟 Diana 兩個身影，真是個有趣的組合。Martha 不停掃視會場每一位男士，尋找獵物，並雀躍地跟 Diana 分享。Diana 則若有所思的，擔心有任何突發事件，盤算應變計劃。我感到 Diana 的憂慮除了工作外，

更加是來自她的男朋友 Donald。要不然她不會千叮萬囑我，若走開時看到 Donald，必須上前招待及交待她的位置。真的很好奇，為何她這麼怕男友生氣似的？

「Oh! Diana! 那女人是誰？」Martha 的音頻真令人份外緊張！弄得 Diana 還以為是場地問題，趕急了解狀況。大家定個神，才驚訝發現 Donald 帶著一個女伴到來，並跟她言談甚歡！

Martha 開展她機關槍般的問題：「Donald 不是說不來的嗎？他來了為什麼不通知你，害你還在焦急！那搔首弄姿的女人是誰？好像有點面熟……不就是我跟你說，在 facebook 跟 Donald 很親熱的那個嗎？真大膽跑到這裡來！Diana，快上前問個究竟吧！讓那女人看你有多厲害！」Martha 還雀躍地搜尋 facebook，尋找她的證據。我倒是擔心 Diana，她神情十分僵硬的。

「Diana，原來你在這裡，我在會場找了你好一會兒呢！」原來 Donald 已跟那女子走到面前。Donald 興奮地介紹雙方認識，並不停讚美身邊的女伴有多能幹，是某知名品牌董事，同時是他的合作夥伴。Diana 聽在耳裡，很不是味兒。

Martha 看見 Diana 不敢作聲，即上前嘗試套話：「Donald 你今天的 daddy look 很酷呀！你果真重視我們呢！跟你朋友的顏色挺配的，說沒夾過也不信吧！」Donald 彷彿未意會箇中含義，仍滔滔不絕地分享：「我才沒心機，隨便挑一件出

來而已！倒是她煩死了，整天問我穿什麼！」女伴不知趣和應：「不煩就不是女人吧，不過幸好在 Donald 總會給予我意見，哈哈……大概是怕我煩死吧！」

Diana 已壓抑得整個面都紅了，忍不住回應：「是嗎？Donald 喜歡給別人煩吧！我昨晚問他穿什麼他看也沒看便說好了！問他來不來他也說要看看 schedule 才決定。看來做朋友真比女友好！」此話一出，頓時冷場起來，氣氛僵硬。

不知哪來的勇氣，我搶去 waiter 的托盤，上前詢問是否需要香檳，希望氣氛緩和一點。Donald 大聲說好，大杯大杯地喝。Diana 冷冷看了 Donald 一眼，以工作為由跟 Martha 離開。

Donald 望望我，對我化解剛才的僵局給予讚賞，還笑說叫我馬上辭工，請我到他公司工作。短短幾句交談，我已感到 Donald 的霸氣，同時訝異他亦有溫柔的一面，只是藏於他不想讓人知道的地方。他除下外套交給我，看似漫不經心交帶：「你看 Diana 怎挑選衣服的！整個背部裸露出來了！還叫我給意見！問了意見她還不是挑自己喜歡的！如果她感到冷的話，你幫我給她！」說得豪邁，但我見他不時望著 Diana，對女友挺著緊的。

終於來到宴會大家期待的環節——最佳衣著表演，被選中的最佳衣著人士會在 T 字台上走秀，將氣氛推至高峰！「Oh! Donald 他瘋了嗎？跟那女的走秀！真的當你不存在

67

吧！」Martha 高呼。我也有點不相信自己的眼睛，Donald 在台上充滿魅力的走秀，跟女的挺合拍。台下跟 Diana 相熟的都在竊竊私語，傳出不同的版本，有的說兩人已分手，女伴來示威的。Whatapps 群組更是八卦天地，將 Donald 台上意氣風發的照片，跟台上落寞的 Diana 拼合起來，大家都在看好戲。

我在台下祈禱那女的千萬不要勝出，越怕的彷彿越是會發生。公開投票下，不少「花生族」都投給她，而且她有權勢，自然大熱勝出。我最擔心的畫面真的出現，作為頒獎嘉賓之一的 Diana 要在台上跟兩人碰面。Diana 在台上外表堅定，但我見她面色蒼白，手有點顫抖，頒完了有氣無力的下台，搖搖晃晃的走進後台。深怕她有事，我連忙前去看看。

在後台的 Diana 判若二人，一邊瘋了般打電話給Donald，一邊哭得面上的妝都化掉了。Donald 趕過來，被情緒崩潰的 Diana 嚇倒了，連忙上前了解。

Diana 憤怒的望著 Donald，聲嘶力竭地問道：「到底你跟那女人有什麼關係？你明知我在這裡工作，還跟她上台！你知道周圍都在說你們嗎？你有顧及我的感受嗎？」Donald一貫豪邁性格反駁道：「我是被選中又不是自己參選！參加了不就是為了贏嗎？台下有陳總黃總，我怎可以難看？」

這下可激起了 Diana：「是你的面子最重要吧！那我的呢？你跟那女的在 facebook 高興就算了！用不著鬧到我的event！你還幫她挑衣服！很喜歡她的高衩長腿吧！她身上

塗的是你最喜歡的茉莉花味道！看來你們很親密了！」

Donald 沉不住氣，大發雷霆：「你瘋夠了沒有？這麼小器！上次不是解釋了嗎？我偷食哪有這麼笨？挑在你工作的地方！還要介紹給你認識？你有給我面子嗎？穿得這麼暴露『滿場飛』，跟那些公子交談得很高興吧？」

「小器」這字眼狠狠地烙在 Diana 心中：「是我小器吧？你幹麼這麼保護她？本來不是說不來嗎？是為了她而來吧？來向我示威吧？你現在就決定，選擇我還是她？」

　　Donald 完全無法理解平時小鳥依人、理性的 Diana 為何失控，對於這選擇更感氣憤，大聲責罵：「你根本就不信任我，我說什麼都無用！總之我無做過任何對不起你的事！信不信你自己決定！」

　　明明是在審問對方，但每次都是反過來被痛罵一頓。Diana 不甘再受委屈：「全都是你對！好！你就走吧！跟那女的走！不要再找我！」

　　對於 Diana 的質疑及不信任，Donald 怒火中燒，揮拳掃走桌上酒杯！然後走出場外找陳總痛飲消愁。

　　留下 Diana 一人，落寞的望著一地玻璃碎，看來已心力交瘁。

　　到底為了愛情，是否就是要失去自己？

　　如何才可以愛得自信？

　　如何可以愛得輕鬆自在？

代入

我看見 Diana 這落泊的樣子，真有點替她擔心。

於是倒了兩杯紅酒，輕輕地走了過去。我把其中一杯酒遞了給她，她接過酒杯，一飲而盡。過了一會兒，她慢慢的定過神來，然後問我：「你全都看見了吧？」我沒有回答她，只是輕輕一笑，聳一聳肩，然後問她要不要出去走走。Diana 點了點頭。我把 Donald 留下的外套給她披上，然後到了會場附近的一間咖啡店。

我們找了一個靠窗的角落坐下來，點了兩杯黑咖啡，服務員放下咖啡然後聰明地自動走開。Diana 一直沉默不語，望著窗外微微下雨的景色，兩眼有點放空。大概過了十分鐘，她才緩緩地轉過頭，然後問道：「所有男人都是這樣的嗎？都是這樣的大男人，只顧自己的面子，不顧女朋友的感受嗎？」我沒有回答，只是靜靜的望著她。她繼續道：「他帶着那個女人來，分明就是想給我落面。你有沒有看見，剛才所有人的目光都看着我，都以為我給拋棄了。沒有人知道我當時有多難受。」Diana 的情緒開始有點波動，於是我淡淡地說：「你如何知道當時沒有人理解你的感受？至少我能體會到你當時的心情。」Diana 喝了一口咖啡，繼續沉默不語。

　　我緩緩地開口問她：「你如何覺得 Donald 和那個女人的出現是給你落面呢？」Diana 回應説：「還不是嗎？我問他會否出席時，他還説有事忙着，不能出席。但那個女人邀請他就答應了。」似乎她繼續認定 Donald 是有意帶着那個女人來「踩場」的。「Donald 是否一個工作狂？」我故意轉移視線地問。「他才不是呢，不過對於公司的發展是滿有野心的，每次洽談生意，都十分投入，而且常常要應酬。」Diana 繼續説：「最近他的公司好像有一個新的發展計劃，常常要應酬到凌晨才回家。就好像上個星期，他和幾個合作夥伴到酒吧喝酒至深夜才回家，那個女人也在。我就是在面書上看到他給人 tag 了照片，才知道那個女人的存在。」我進一步問：「那你覺得 Donald 答應那個女人出席慈善晚會，會是哪個原因呢？」

　　Diana 不明白我為何這樣問，但還是認真地想了想，然後緩緩地嘆了一口氣：「你是想説，Donald 是因為那女人是他生意上的合作夥伴，所以才不得不作出應酬？」

　　我繼續説：「你想想 Donald 平時的為人怎樣？」Diana 説：「他平時也沒怎麼樣。」

　　我認真地望著 Diana 然後説：「那麼，如果我想你代入 Donald 的角色，你會想到什麼？」

　　Diana 沉默了片刻然後説道：「我知道他最近公司生意不太理想，連續幾個月來都沒有盈利。」Diana 繼續沉思，眼珠不時轉動。「呀，我記起了，上兩個星期，他有天興高

采烈地打給我，説要和我慶祝，説是將會獲得一個與大企業
合作的機會，只要成功便能使公司未來五年都有很可觀的利
潤……好像就是和那個女人的公司合作的。」

我請 Diana 繼續以 Donald 的角度去想：「你會希望這個
合作計劃成功嗎？」

「當然希望啦！」Diana 説。

「你會如何達成這個合作計劃？」我繼續問。

「我會與對方建立良好的關係，盡一切能力滿足對方的
要求。總沒有人會希望得失自己的客戶，何況這個生意對公
司那麼重要。」

説着説着 Diana 好像想通了。不過眼珠一轉，她帶點氣
憤的説道：「好了，就算因為工作關係答應出席，那也用不
着在台上那麼風騷快活吧！」

我不置可否，然後繼續説：「那現在我希望你代入那
個女人的角度來看這件事。我明白可能有點困難，但盡量用
你認知的她來作出回應。」

Diana 想了想，雖然有點勉強，但仍然繼續説：「如果
我是一個知名品牌的董事長，要參加城中最矚目的慈善晚
會，當然希望出盡風頭啦！我會挑選最華麗的晚禮服，當然
也不能一個人出席，我會挑選一位俊男作為我的 partner，務
求成為全場的焦點。」

「那麼如果有 T 台走秀呢？」我不經意的問。

「這個當然是最好的機會吸引全場的目光啦！」Diana 興高采烈地說，似乎忘卻了剛剛的憤怒。

「非常好，我們現在停一停，我們又回到 Donald 的角色了。」我繼續問她。「如果這時你的一個非常希望可以成功合作的客戶邀請你上台一同跟她表演，你會做怎麼樣？」

「我可能為了要討好對方，迫不得已陪她。」Diana 無可否認地說。

「你覺得這也會是 Donald 的決定嗎？」我繼續問。

Diana 沉默不語，她正認真地思考 Donald 是不是會這樣想，而作出她看到的行為。

又是片刻的沉默，Diana 若有所思地看着我，然後緩緩地道：「我明白了！」

然後又是一陣子的沉默。「那我剛才是不是太衝動了？」Diana 緊張地說。「你看 Donald 剛剛那怒氣沖沖的樣子，他是否不會原諒我？」

我隨即問 Diana 認為現在應該怎樣做，可是她不斷搖頭，說這次是她一時氣憤想不開，沒有平心靜氣跟 Donald 討論而造成，她認為 Donald 應該不會原諒她，最後會分手收場。

「如果你不想分手收場，其實還是有希望的，我想你應該很清楚 Donald 的為人，他那麼關心你，而且你跟他一起那麼久，怎麼會那麼容易説分手就分手呢？問題是在於你的選擇……」我説到這裡認真地看着 Diana，她目不轉睛地看着我，等待我繼續説下去。

於是我繼續道：「你可以選擇被動地等待 Donald 的回應，但這可能是分手收場。你也可以選擇主動地跟 Donald 好好解釋清楚，平心靜氣地説出你當時的感受。這全是掌握在你的手裡，看你如何選擇。」

聽了我這樣説，Diana 隨即説：「我知道怎樣做了。謝謝你！走吧，我們要回去繼續工作呢！」

説罷，Diana 滿有活力的站起來，然後跳脱地離開咖啡店，我隨即跟上，一同返回會場去。

我很高興 Diana 最後承認自己在這件事上也有責任，而且看似想通了，雖然不知道她的選擇會是怎樣，但至少她知道自己是有選擇的呢。

自信

To love or not to love……每段關係都有它的關鍵字，這一回 Diana 跟 Donald 的叫「**相信**」（believe）。

感情這回事，從來都不會一帆風順。 就像早前應客戶邀請參加他們的一個帆船出海活動。從表面看，揚帆出海好像是一件高級和優雅的活動；但一出到海，就變成一件非常需要「給力」的事。首先，風力和風向都不是我們能控制的事。每當我們以為運籌帷幄，一旦風向逆轉，我們全體船員便需要有系統地各自就位作出應變使得船可得以繼續順利航行。

著實像 Diana 性格的人，多疑實屬正常，多數源自需要但從對方身上拿不到足夠安全感所致。由於 Diana 的性格是先天缺乏安全感，所以她謹慎、多疑及充滿危機感的性格正就是她的自我保護機制。凡事看兩面是 Diana 的優點，也是令她經常精神緊張的原因。人往往都是充滿矛盾的：一方面很相信自己的想法，同時又很容易被外在眼見的事情影響自己固有的想法。當一個人心亂、不安時，自然很容易把問題無限擴大。

Diana 之所以經常受壓在懷疑及焦慮的情緒下，主要是

來自她的內在恐懼，倘若她對事情沒有的掌握和準備，萬一發生事故時便會變得很無助、易受傷害。但最有趣的是，其實 Diana 是一個非常能幹、有能力去處理事情的人。所謂「用人不疑、疑人不用」。這句話不僅用於僱主和僱員的關係上，於男女關係也如是。

 "People are not their behavior."

- NLP key belief

不論性格、男或女，我們的行為最少有一個目的，都是為了一些自己認為重要、對自己有利的東西。在很多情況下，很多人的根本性格和背後的意圖跟他們的行為可以是兩碼子的事。例如當自己房子空間已經是很小，但有些人仍然不斷很多東西回家擺放。表面來看，別人（尤其是家人）應該不太理解和認同他的購買行為，但正正因為他在家庭裡得不到他想要的，所以他便要買一些自己喜歡的擺設令自己在家的負面情緒得以舒緩。要知道，**一個人即使做出一些不符合社會或對方所期待的行為，這並不代表他是一個壞的人。**在一段關係裡能夠分開對方作為一個人跟他的行為是很重要的。當他們沒有足夠或相關的資源去處理事情的時候，他們所說和所做出來的事情通常都是他們情非得已，不情不願的。正所謂，行為不足以將人定論。反之，我們更應該讓對方多說出自己的想法，多些機會去剖析自己；同時我們應該多加給予對方關心，接受對方的人性而是不單單用行為去評價對方。

　　雖然不敢說所有，但是在我的認知裡，就如 Donald 性格般的人通常擁有以下令另一半感到「頭痕」的特質：

1. 不要質疑他的誠信，否則他會越叫越走
2. 態度看似不著緊，其實只是懶理細節
3. 最怕伴侶嘮叨，卻又會對對方多多規管

　　Donald 固然有不少需多加留意和改善的地方，但對於 Diana，她最好不要等待 Donald 先作出甚麼行為上的轉變或要求他會說些甚麼話去挽回她的安全感。反而她應多加相信自己，肯定自己在 Donald 心目中的重要性，尋找其**內在的自由**。所謂內在自由，就是不要受別人或外在環境影響，透過相信自己從而能夠做回自己。只要 Diana 能做回自己，人就自然變得 charming，Donald 自然心甘情願被收服。

　　人最重要就是學懂相信自己。要知道，沒多少人會喜歡跟一個疑心重、沒自信、事事簡單複雜化的伴侶在一起。若能將心比己，多把自己代入對方立場去想，不單能夠令自己更善解人意，更能令自己有選擇去做一個自主、開心和充滿自信的 charming person。

　　至於 Donald，明明他是愛護和著緊 Diana 的，但偏偏因性格關係，經常反應過敏、聲線過大來掩飾自己內心的無助和不安感。所以他的行為便常常被身邊人誤解，惹人生厭。雖然有很多女人都會被那些「很 man」、很愛主動照顧另一半的男人吸引。但若然事事都要「話晒事」、過分專橫以及經常脾氣暴躁的話，相信不會有太多另一半會「頂得順」吧。

其實不論是甚麼性格的人，伴侶雙方都需要有充分和有效的溝通。說話直接、立場鮮明本無不可，但是一定要看對象。面對 Diana，因為她的不安性格比一般人的來得嚴重，他便應該放下自己的強人本色，要對她的言行多加觀察，盡量給予時間去聆聽她的觀點和想法，以及多加剖析自己的處境和行為背後的原因，讓她的不安能得以舒緩。

要知道，凡事總會有出路。一段關係一定要靠雙方很大和持續的努力才能維持。最重要是知道自己**永遠有選擇和懂得如何選擇令自己開心和成功的思維、決定及行動**。所以……

假如有選擇去相信一樣東西的話，請選擇相信自己。

假如要選擇去相信對方，請選擇相信你對他們的真實感覺、找出他們的背後意圖而不是他們的外在行為。

Bottom line，一對情侶能夠走在一起，靠緣份；他們能夠一直走下去，靠「愛」。只要有愛，在雙方出現問題的時候，才有解決問題的籌碼。那麼，你們又認為 Diana 與 Donald 這一對，有冇得搞？

延伸討論

1. 當你的伴侶**經常處於不安和憂慮困局當中**，你會如何讓她／他增強自信和自我保護能力，同時能夠明白和體會「有時過分認真就輸了」這真諦？

2. 當你的伴侶**在一段關係裡經常處於強勢因而忽略對方感受**時，你會如何令她／他能多些尊重別人的立場、意見和感受，欣賞自己其實也擁有感性的一面，以及接受自己也有需要被伴侶幫助的一刻？

3. 兩個人走在一起，應如何好好建立彼此的互信關係？

參考資訊

1. 45% 受訪者表示曾經或會考慮 check 對方的手機、facebook 或其他通訊。理由是缺乏安全感、想先發制人和純粹「心思思」想 check。來源：*Cosmopolitan*（2011）

2. 愛情裡最感動人的一句話不是「我愛你」，而是：「我信任你」。來源：《我愛你，因為我信任你》*by* 女王（2015）

3. 在你愛人前，你需要先愛自己；在你愛人時，你需要去放下自己。人需要在愛與被愛中，生存。來源：《必然與偶然》*by* 方素奇

結婚不結婚

81

港女

記得 Martha 第一天上班初步入辦公室的時候，已引來不少目光，各同事都私私細語説著這位新同事。男同事紛紛稱讚 Martha 年輕貌美，打扮時尚吸引。相反，其他的女同事語帶妒忌：「不知道她是來上班還是出 show！只是剛剛畢業沒多久的助理，竟然穿著得這麼光鮮，你看她滿身都是名牌，還手挽著 Kelly 包包。我們上年都是出了花紅才有錢買的，看著她這麼富貴都不知為什麼要來上班，哼！」Martha 穩穩約約聽到各同事的品評，並沒有任何的不快，反而因為男同事的注意及女同事的眼紅令她沾沾自喜，充滿自信。

穿著是凸顯個人的品味及身份象徵。受人注目、重視的感覺真好！

Martha 一向對儀容裝扮都很講究，因為她認為一個人的價值是取決於他的成就及形象，有這基礎才能值得給別人尊重和關注，成功感和別人的認同是 Martha 生命最大的原動力。但只

可惜她經常沉醉於自己的成功故事裡，令她自我肯定不斷擴大，產生驕傲及虛榮心，更加追求名利。對於被女同事標籤為貪慕虛榮的「港女」，她毫不在意，認為時間很寶貴，不值得浪費在沒有建設性的事情或閒話中。她唯一關心的只有她的目標如何有效地達成。

Diana 很欣賞 Martha 做事那份幹勁和效率，為了成功會全力以赴，有任何付出都在所不惜。雖然 Martha 對 Diana 決策時往往猶豫不決感到不耐煩，影響工作進度，但 Martha 亦視 Diana 為人生目標，羨慕 Diana 年紀輕輕已是公司的 director，又有個能倚靠的男朋友。兩人相處投契，久而久之，大家除了是上司下屬的關係，也是可以談心事的好姊妹。

富有圓滑交際能力的 Martha，表現親和令各同事對她有良好印象，她總是精力充沛，充滿朝氣。但今天的她面帶倦容，沒有太多的說話，只是相約 Diana 下班後 happy hour。Diana 看見這情況心知不妙，Martha 每次與男朋友吵架都是這個樣子。

Diana 提議去公司附近酒店的 lounge，環境比較適合談心事。Diana 和 Martha 甫坐下先點了兩杯白酒，之後 Diana 還未開口趕得及問 Martha 發生什麼事時，Martha 已經有如機關槍般數盡男友 Alex 的不是，投訴他的大男人性格、霸道、專制和難於溝通。

「妳不是說 Alex 是你的理想伴侶嗎？有車、有樓又有事

業，還會懂得安排所有慶祝活動給你驚喜。」

「是的，但大男人呢，跟他一起我失去了自己，完全被他控制，所以昨天已跟他分手了。」Martha 氣沖沖地回答。

「什麼？分手？你不是說非他不嫁嗎？」Diana 驚訝地問道。

「他的性格令我難以忍受，問他婚期又遲遲沒有落實，那就算吧！既然大家的步伐不一致，我不想再浪費時間，及早解脫我可以另尋新目標。」Martha 淡淡然說著。

Diana 佩服 Martha 那份灑脫，很清晰明確自己的需要，亦沒有因為失戀而被情緒困擾。但旁觀者看來 Martha 是冷血的，是只有利益沒有感情的拜金女。

此時，背後傳來一把熟悉的聲音：「Diana。」Diana 回頭看原來是她的大學同學 Alvin。

「Hi，很久不見，近況好嗎？」Diana 問。

「都是老樣子，沒有特別，你這個大忙人，次次聚會都不見你呢。」

「下星期公司有個大型 event，忙得我頭昏腦脹，喘不過氣啊！早前公司發了邀請卡給你，收到嗎？」

「哦⋯⋯是嗎？唔⋯⋯」

「不用考慮吧，這個 event 是在你這裡舉辦的，來一起湊熱鬧吧！」

「是呀⋯⋯那⋯⋯那好吧，到時見面再談，要先走了。」Alvin 無奈地答允後便與友人離去。

Alvin 其實不太喜歡社交應酬，但 Alvin 不想讓別人失望，就算再不願意也會順從別人的要求。

Diana 看見 Alvin 突然靈機一觸説要介紹一個「筍盤」給 Martha，Martha 輕視地問：「你口中的『筍盤』該不會是剛剛那個 Alvin 吧？看他來這麼高級的酒店都只是輕便運動裝，最基本的一隻靚手錶都沒有，他的條件應該都是一般般而已，不是我杯茶啊！」

Diana 隨即笑説：「我們認識了這麼久，你的擇偶條件我還不清楚嗎？不合你就不會主動介紹給你啦。」續説：「Alvin 父親是這家酒店集團的主席，他經常都會來這裡的健身房做運動。」

Martha 聽到「酒店集團主席」這六個字雙眼即時發亮並高聲搶問：「Oh really？有這麼好的 "stock" 為什麼不早點介紹給我這個好姊妹？你快些安排吧！」

Alvin 與友人上到健身房時，教練還未到，他倆便先來個簡單的熱身及聊聊天打發時間。

「為什麼最近這麼好，可以經常來健身，不用陪女朋友嗎？」友人好奇地問道。

「其實我們分開了一段時間。」Alvin 平靜地回應。

「什麼？你們不是正在安排婚禮當中嗎？因為何事？」

「唉……她説我不夠愛她，並不是真心想跟她結婚。」Alvin 嘆氣道。

Alvin 是一個很有同理心的人，他很容易代入別人的立場，體會到別人的感受。正因為他的性格隨和，不喜歡與別人起衝突，所以很多事情上，就算他有多不願意，都會妥協。Alvin 通常都懶得作主，頗為倚賴，相反，他的前度屬進取型，理應兩人最為匹配，但前度的過分進取令 Alvin 吃不消。只是簡單的周末行程已排得密麻麻，逛街、看電影、吃飯、看夜景、吃甜品，對於 Alvin 這一天的活動量比跑一次馬拉松還要累。

所以 Alvin 從來都沒有結婚的打算，他覺得既然兩人已同居，相處融洽，假日沒有任何束縛，可以賴在沙發上看看電影，吃吃小吃，悠悠閒不知有多好。何必只為了一張婚書而勞師動眾，每個周末還要馬不停蹄計劃婚禮，想想都已經覺得累，完全改變了現有的舒適狀態。Alvin 所追求的生活是懶洋洋的，沒有太多改變的，沒有煩惱的。

但當前度提出結婚時，Alvin 害怕拒絕前度而令她傷心，就算在不太情願下都接受了對方的要求。結婚始終與他的理念有矛盾，雖然 Alvin 已經同意，但不等如承諾，所以 Alvin 對所有婚禮的安排都是漫不經心，實行拖字訣，逃避現實。前度從結婚這件事上更加看清了 Alvin，他做事拖拉散漫，不願改變，缺乏承諾，不能作終生倚靠，最後忍痛地選擇離開 Alvin 放棄五年的感情。

人們常說愛情講求 "timing"，是否上天亦刻意撮合 Martha 跟 Alvin 這一對？

面具

來到 Met Gala 當晚，Martha 為了成為全場焦點，精心挑選了紅色 Deep V 長裙。Martha 腳踏五吋高跟鞋，甫出會場明艷動人。看著野心勃勃的 Martha，Diana 亦希望她成功找到 Mr. Right 安穩下來，不用每次都在搜獵一般。

確保一切安排妥當後，Diana 捉緊 Martha，介紹她口中的「筍盤」Alvin 給她認識。Alvin 帶點害羞地打招呼，笑容靦腆。Martha 則表現積極主動，深怕錯失了「筍盤」。

交談過程全由 Martha 主導，聞説 Alvin 喜愛健身、跑馬拉松，隨即表現雀躍，跟 Alvin 請教。在旁的姐妹們都忍不住反白眼，眾所周知 Martha 最怕曬太陽的，公司所有的戶外活動都絕不參與，最大的運動量應該只有 shopping 罷了。

不過好勝的 Martha 説要做的一定會做到！為了跟 Alvin 製造見面機會，Martha 加入了健身會籍，並買好全套運動武裝。想不到她更報了參加全馬馬拉松，更嚷著要我們一起去練跑。看著不斷補防曬、補妝的 Martha，真佩服她為求達到目的的堅持。Alvin 最初對 Martha 的主動有點退縮，但慢慢被其熱情個性所吸引，有時 Martha 能為其作決定，確實省卻了他不少的煩惱；而且難得找到一個喜歡跑步，不用每天嚷著吃喝玩樂的女生，Alvin 認為如此獨立自主的女生正正是

dream girl。

就是這樣兩人看似有共同興趣,加上一凹一凸的性格,
Martha 跟 Alvin 發展迅速。Diana 還沾沾自喜撮合一段姻緣,
豈料不久就聽見 Martha 的怨言。大家正興高采烈地準備聖
誕派對,唯獨 Martha 在 pantry 發牢騷:「Come on!他問我
想去哪間餐廳慶祝,連禮物都直接問我想要什麼,以前 Alex
都會想好的,難道他不懂製造驚喜的嗎?」

Diana 在旁為 Alvin 辯解:「Alvin 就是想簡單點,準備的
是你喜歡的,才直接問你吧!況且一開始你都知道他不是浪
漫驚喜型。你之前不是怪 Alex 大男人,太控制你嗎?」

Martha 隨即爭辯:「但也不可以什麼都沒所謂吧!我們
正準備去旅行,我問他去什麼地方、住什麼酒店他也是無所
謂!我雀躍跟他分享行程,他都沒什麼喜悅的,什麼都沒自
己想法,我擔心他連結不結婚都沒所謂呢!」

女人抓狂的時候,什麼都聽不進耳。聰明的 Diana 只
想趕緊脫身:「算吧,今日跟我們一起開心度過公司 X'mas
party 吧,Alvin 已在樓下等啦!第一年一起過,你不要掃興
啦!」

一到派對,Martha 就滿場飛跟管理層打招呼,相反
Alvin 喜歡跟幾位男士在一旁 men's talk。真佩服 Martha 見到
前度 Alex 亦可以悠然自得地閒談。席間 Alex 更抱緊新結識
的女友,宣佈即將結婚,Martha 聽到有點傻眼了,不斷問我

們：「那女人有什麼比我好？我跟他三年他說結婚太急，現在跟她相識了幾個月就閃婚？」

不認輸的 Martha 當然不甘示弱，手牽著 Alvin 上前祝賀。看著 Alex 春風滿面地分享婚妙照，Martha 一臉羨慕的目光：「拍得不錯啊，可以給我攝影師的聯絡嗎？不過我亦認識幾位知名攝影師，之前幫舒淇、Angelababy 拍的，我跟 Alvin 比較一下哪間較好。」

大家聽到 Martha 漏口風，快要結婚一般，紛紛上前祝賀，並追問婚期。Martha 洋洋得意地分享：「不用急，我們才認識不久。不過好在 Alvin 父親是酒店集團主席，要找場地方便多了。」在旁的 Alvin 無奈地苦笑。

派對上大家都喝得醉醺醺，幸好 Alvin 十分節制，方可駕車送各人回家。車上 Martha 帶點醉意詢問 Alvin：「你說婚紗照在什麼地方拍好呢？韓國有紅葉，日本有櫻花，但我最想在北極光下拍啊！」Alvin 試圖轉換話題：「不久之後我們去日本就可看櫻花了。」Martha 繼續笑說：「月底快有婚紗展了，不如我們先拍婚照，當玩玩看看。」對於 Martha 的步步進逼，Alvin 有點退縮：「快要比賽了，你每星期都要練習，否則會很易受傷的。」

Martha 自覺沒趣，不滿投訴：「每個星期都練跑，很悶吧！以前 Alex 都會帶我去品酒、看展覽、行山等不同的活動。公司是你爸的，你又不用操心，你平日多去練跑，周末陪我試試新東西吧！我很想去婚紗展，我們一定要拍得比

89

Alex 的更好看！」

　　Alvin 突然急停車，嚇得後座各人都醒過來。深呼吸後繼續開車，面帶不悅：「你知我工作跟運動都是認真的！為什麼你總是提著 Alex？你不是為了贏他才想結婚吧？」

我討厭比較。兩個人生活是簡單、隨意的，不是跟別人競爭的！

我要大家知道我現在活得比Alex精彩，成為全場焦點有什麼不好？

　　Martha 著緊回應：「你這是什麼意思？你以為我為了 Alex 嗎？太荒謬了！我才不是這麼幼稚！」

　　「Alvin 我們想買點東西，前面路口停好了。」Diana 見 Alvin 面有難色，著意大家提早下車，以免尷尬。

　　離開後，Diana 嘗試聯絡 Martha，但電話一直是連往留

言信箱。往後 Martha 請了幾天假，一直也找不到她，Diana 跟大家都十分憂心。Diana 嘗試聯絡 Alvin，Alvin 雖然沒多透露當晚發生的細節，但在言談之間，聽得出他並不想如此放棄感情，只是被 Martha 最近過於進取的表現嚇怕，令他有點不能喘息。他希望拍拖能輕鬆自在一點，希望一個冷靜期對大家有所幫助。

至於 Martha，她的反應更讓人猜不透。回來工作的一天，看似沒事發生過一般。走過 Diana 的位置，告知取消下月的假期，還要求分配更多案子給她！

如此快速投入工作的 Martha 更教人擔心。以往跟另一半吵架，她一定捉著我們要飲酒，並數盡對方不是；是次反而隻字不提 Alvin，只是不斷接工作，通宵達旦。

更意想不到的是她假日捉著 Diana 去練跑，是她真的愛上跑步嗎？只見 Martha 比以往跑得更起勁，毫不讓自己休息。Martha 越是外表堅強，就越是躲在保護罩內，難以接觸其內心感受。

現今常說女性要堅強、要站起來；難道傷痛亦要故作堅強？女性的脆弱本身不就是美嗎？看著 Martha，我們決心要了解一下，避免她繼續麻醉自己。

策略

　　Diana 忙了一整個星期，每日「有返工，無收工」的生活，簡直「人都癲」。終於到了星期五，手頭上的工作已經完成七七八八，可以 relax 一下，於是她便約好姊妹 Martha「happy hour」，順便打聽一下她最近的感情狀況。

　　她們到了 SOHO 一間比較小的酒吧，雖然比較偏僻，但不怕碰到熟人，可以方便談心事。

　　坐下來點了兩杯白酒後，Diana 便單刀直入問 Martha：「怎麼樣？」她反問：「什麼怎麼了？」Diana 沒好氣地問：「當然是你和 Alvin 啦！」Martha 氣定神閒地回答：「沒什麼⋯⋯」但顯然她好像想隱瞞什麼似的。

　　Diana 說：「Alvin 是我的舊同學，我有他 facebook 的，他最近沒有 po 你們的合照，一定發生了什麼事。一場姊妹，不要騙我吧，到底你和 Alvin 發生什麼事？分手了？」

　　「為什麼每一次都是這樣？都是分手收場的！我究竟做錯了什麼？上次 Alex 如是，這次 Alvin 又是如是。我只是想，大家感情既然穩定了便早點結婚，我有什麼錯？」Martha 滔滔不絕地說。

　　「你沒有錯，但是也不代表你完全是對的。」

Martha 望著 Diana：「願聞其詳！」

「上次在車上我已經聞到 Alvin 的火藥味，男人有時會介意你拿他和其他人比較，更何況是你的前度，當然生氣吧！」Diana 說。

「他應該知道我和 Alex 沒有什麼的。」Martha 說。Diana 接著說：「問題不是你還有沒有跟 Alex 有些什麼，而是你迫得他太緊，有一刻他受不了便爆發。」

Diana 替 Martha 分析整件事，Martha 覺得她沒有迫 Alvin，但事實上，上次在公司 Party 時，Martha 確實在眾人面前迫 Alvin 承認他們「好事近」，雖然平時 Alvin 好「就得人」，但容忍也有一個限度，物極必反，結果 Alvin 終於忍不住和 Martha 吵架了。

「我又不是迫婚，我只是覺得大家應該計劃一下，遲早都會結婚的，為何不能早點規劃未來？」

「你就是太有規劃，太有策略啦！」Diana 說。

「這有什麼不對？」Martha 說。

「工作上有規劃有策略是一件好事，但不是每樣事情都能按部就班完成，就比如感情。你應該很清楚 Alvin，他個性比較隨意，沒有規劃。」Diana 繼續分析。

「他就是沒有計劃，我才為他設想的。」Martha 搶着解釋。「每個男人都一樣，沒有為將來打算的想法。」她繼

續説。

「我就不太認同，總有一些男人都會為將來打算的。但你有否想過為什麼你每一次都遇到一些不會為將來打算的男人呢？我不認為是你倒楣，我覺得是你的策略有問題。一場好姊妹，不要怪我直接。」Diana 發表她的看法。

「好吧！如果你認為拍拖也應該講策略，不如我們一起來分析一下吧。」Diana 繼續説。

Martha 點了點頭。

「你的求愛策略是怎樣的？」Diana 開始問。

「你也不是不知道的，首先當然要看看對方的條件是否吸引。」Martha 開始説。

「這是指什麼呢？」Diana 問。

「當然要看看職業、樣子、年齡和家庭狀況吧！」Martha 繼續説。「如果各方面都匹配，便會開始約會，看看對方為人怎樣。」

「如果對方為人也不錯呢？」Diana 追問。

「我便會嘗試問對方有沒有結婚的打算。」

「那麼快？」Diana 驚訝地問。

「也不是很快吧，拍拖大概四至五個月，我相信大家都

有感覺對方是不是理想伴侶吧。問一下又何妨呢？」Martha
理直氣壯地說。

「如果對方真的說沒有結婚的打算，你真的會和他分手
嗎？」Diana 問。

「如果沒有結婚的打算便不要浪費大家的時間吧！好像
之前 Alex，我跟他拍拖三年，他一直沒有承諾何時結婚，但
真的想不到現在他跟那女人一下子就閃婚了。」Martha 回答
說。

「你有沒有發現問題出於哪裡呢？」Diana 問。

Martha 搖搖頭表示不知道。

「問題出於你自己。」Diana 直截了當地說。

Martha 有點生氣，她不認同 Diana，認為問題不是在於
她，是男人都不好。

但 Diana 就是認為她太過目標為本，把男人都逼瘋了。
「你不是不知道的，男人都很怕麻煩的女人，如果你每件事
情都煩着他，不斷問他，他真的會受不了，最後便分手收
場。」Diana 分析地道。

「難道一直拍拖到老嗎？」Martha 沒好氣地問。「兩個
人在一起，一定要結婚嗎？」Diana 問。

「Diana，你也是女人，難道你不贊同結婚嗎？」她問

Diana。「我不是説我不贊同結婚，而是不要因為想結婚而迫對方而已！你看 Alex 是一個很好的例子，你跟他在一起時，他都沒有結婚的打算，現在卻閃婚了，就是因為他認為到了結婚的時候了。男人也有他的打算的，不是你迫就會有結果的。要謹記，有時迫得太緊，就會有反效果的。」Diana 回應説。「那我應該怎樣？」Martha 望著 Diana 問道。

Diana 沒好氣地説：「你還是不明白『欲速則不達』的道理！還學人跑馬拉松！」Martha 不明白地問：「拍拖跟跑馬拉松有什麼關係？」

「關係就大了，因為兩者都不能急。你想想，一段愛情不像是長跑嗎？你跑馬拉松也應該知道，一開始不能跑得太急、太快，否則一開始就已經虛耗過多體力，怎樣能維持到最尾？但也不能太慢，否則太留前鬥後，中間可能失了鬥志，最後可能也不能完成。兩個人相處也一樣，而且還要是升級版。即是好像二人三足跑馬拉松，除了不能太急不能太慢外，兩人更需要步伐一致，你快、他慢或者相反都會拖垮對方，雙方不能配合又怎能跑到終點呢？」Diana 一口氣地解釋著。

「想想你的策略吧！謹記，在愛情路上，你並不是操控大局的一個，你有權選擇，對方也有權選擇的。一段關係，是需要雙方一同經營的。你在工作上很有主見，我是很欣賞的。但是，在愛情上，有時女性也需要有『沒主見』的一面。你越是能夠 flexible，男人會覺得你懂得體貼和諒解，覺得你

是一個可靠的伴侶，到時可能是他逼着要和你結婚呢！」

　　Martha 聽完 Diana 的偉論，若有所思，我希望她可以想通，不會再重蹈覆轍吧！

欣賞

To love or not to love……每段關係都有它的關鍵字，這一回 Martha 跟 Alvin 的叫「**協同**」（synergy）。

我有一位舊同事跟他的前度自澳洲留學時相識及相戀，十多年來不論是在當地讀書、工作，或是後來因工作關係，長期兩地相隔，一個在香港，一個在美國也好，他們仍然好端端的走在一起。眼見他們每年各自飛來飛去跟大家會面，心裡不期然冒起了一個疑問：既然大家認定雙方是一對，而大家的工種既有彈性又有價值和需求，倘若當中一方願意走前一步遷往對方那邊的話，便能縮短實際的地域距離，對大家的關係發展應該會有莫大裨益。

他最初給我的回應是不想貿然放棄在香港多年來辛苦所建立的事業，到美國從頭開始。當時我一聽已知道那只是他的藉口，因為大家都深知他的工種在美國很是吃香，加上他在工作上從來是一個 top pay 的員工，莫說是要從頭開始，甚至一個不小心多升他一個 grading 也說不定呢。所以當他看見我面有難色，正想拆穿其西洋鏡的時候，終於對我坦白說其實在過去幾年來女方都在催促他對大家的將來作表態。即使他是真心的喜歡對方，但這段感情卻給予他很大壓力。所以他便繼續用兩地相隔作最佳的避難所，希望可以拖延長一點。最終他倆的愛情長跑在數年前變成無花果，男的後來

跟一女同事相戀，火速結了婚，生了兩個可愛非常的小孩，幸福快樂；女的聽說仍然單身至今。

正所謂，如有雷同，實屬巧合。但在於我，這樣的感情事卻是屢見不鮮。當下眼見很多情侶：一個想娶，另一個不嫁；一個想生小孩，另一個不想承擔；一個想買樓，另一個怕負債……你的、我的、他的、她的故事，比比皆是。

「為什麼每一次都是這樣，都是分手收場的！我做錯了什麼？」這實在不是對與錯的問題，而是 Martha 捉了好鹿但不懂脫角的問題。要知道，目標為本、投其所好不是問題；渴望結婚、有規劃行事都不是問題。問題是若其對手不是跟自己在同一頻道去思考和行事的話，一切便即時變成大問題了。

☑ "Respect for other person's model of the world."

- NLP key belief

所謂 like attracts like，其實在多個層面上，Martha 和 Alvin 的性格是很匹配的：一個主動積極、一個生性隨和；一個規劃性強、一個服從性強；一個對外圓滑、一個富同理心。他倆走在一起，實能互補長短，互相欣賞。但有趣的是，當起初大家感到是優點的特質，相處下來，卻變成大家眼中的裂縫。更壞的是，大家都奢望想去改變對方，令對方變成另一個自己！這實在是一個未開始已注定失敗的工程。要知道，**everyone comes as a package**。而每個人的思維本身

都是程式化（programmed），所以很難因為對方叫自己改變就能改變過來的。我們倘若能接受這現實，那麼我們便有選擇去改變當下情況的能力，好好去捉鹿脫角也。關鍵是我們能否懂得去欣賞（appreciation）對方和自己 for who we are。

既然當初選擇跟對方一起是因為對方的特質跟自己的不一樣，我們便得讓自己欣賞（而不是妥協或接受）那些特質，久而久之去慢慢優化自己的性格特質去配合對方。相對地，對方也會不自覺和有默契地為這段關係所引發的化學作用作出相應的配合。

尋找和離開一段霧水情緣不難，但最慘卻是每每以為是最後一次的真感情。Martha 表面硬淨，好像滿不在乎，但並不代表她沒有受傷的。其實她每次都是全力以赴，有付出真感情的。既然一直以來 Martha 所用的求愛策略「唔work」，那麼她便要靈活變通（這可是她的性格強項吧！），改變策略吧。首先 Martha 要學習如何享受相愛的過程，將自己真正浸沒在愛情沐浴裡，去感受愛，也讓對方感受她在這段感情確實的存在着。再者，面對 Alvin 這類性格的男生，Martha 越迫他、"chur" 他，他便會越退；相反而言，假如Martha 可以好像釣魚般，懂得適當地收放自如，不但沒有追迫他，甚至刻意給予對方空間，讓他感到自在，轉過頭來相信他會反過來緊張自己呢。

兩個人走在一起，能開花結果固然是好事，但在一起的過程裡能否創造協同增效作用（synergy），令對方感到跟

你在一起能令自己增值「升呢」。這樣的感情最終能修成正果實在是常識吧。

曾拜讀台灣暢銷心靈作家何權峰的著作，當中他說過：

不要去約束別人，否則自己也會被約束；
不要去要求別人，而是着眼向內求自己；
不要去求別人愛，而是努力的去愛別人。

感情這回事，從來都是 takes two to dance。我相信 Alvin 對 Martha 仍然是有意的，現在就要看 Martha 是否有心去調較一下自己的愛情策略去再迎戰吧。至於 Alvin，始於對方是女生，自己應多作一點主動，對對方所付的出多加讚賞，讓她感到被愛、被需要，給予對方多些確認也是很重要和有風度的表現呢。

其實我真心喜歡 "appreciation" 這個字。它既解作為「欣賞」；同時也能解作為「感謝」。若我們能夠多多欣賞並感謝對方跟自己一同經歷愛和互助成長，這樣的感情和伴侶一定不賴吧。

延伸討論

1. 當你的伴侶**非常實事求是、目標為本、經常背負壓力去「衝衝衝」**,你會如何讓她/他在適當的時候可以慢下來,令她/他能跟你好好溝通,尋找大家都感到舒服的生活模式和共同的目標?

2. 當你的伴侶**經常左閃右避、不善於表達自己意願**的時候,你會如何讓她/他擁有一個放鬆的環境能表達自己的想法和感受,令她/他感到在你心目中是非常有價值的呢?

3. 兩個人走在一起,應如何相處得開心甜蜜,而不是畏首畏尾,或是驚濤駭浪呢?

參考資訊

1. 相對於六十年代,介乎 18-29 歲已婚的美國人是 59%,今時今日,同一歲數的已婚美國人只有 20%。來源:*Barely half of U.S. adults are married – A record low by D'Vera Cohn, Jeffrey S. Passel, Wendy Wang and Gretchen Livingston*(2011)

2. 心理學家 Henry Dicks 對兩性關係曾作深入研究,當中提出「潛意識配搭」之理論。他說兩個異性之所以會互相吸引大家,最終能走在一起,其原因並不是根據一些理性原因和選擇,而是基於一些自己也未察覺的內在意識令他們投向大家懷抱,在意識層面是解釋不到的。相信這正我們所說的「直覺」、"click" 或一見鍾情吧。來源:鄧惠文《學習。在一起的幸福》(2014)

3. 在 Henry Dicks 的「潛意識配搭」理論當中,還有一個論

點值得大家留意，叫「互補特質」。他表示，當我們每人都有着不同的性格優點和弱點，通常能吸引我們的那位他／她，由性格到行為都有着相對的取態，從而能夠中和自己的優點和補足自己的弱點（例子：一個被動害羞男愛上一個熱情外向女）。來源：鄧惠文《學習。在一起的幸福》（2014）

愛你不愛你

命運

　　Jay 自幼跟隨家人移居英國，父母幫她報讀了一間具有名氣的 business school，希望將來畢業後能接管家族生意。對一般人來說，可以入讀這間超級名校是多麼的夢寐以求。但 Jay 從不稀罕，她只是醉心於藝術設計，於是自己偷偷退學，並考入另一所 art school 繼續升學。向來做事我行我素的她，從來沒有考慮別人感受，只管自己喜歡便可。父母經學校通知知道事實後，感到非常氣憤，在軟硬兼施下多番勸喻不果。但深知 Jay 確實有藝術天分，為了愛女能發揮所長，最後還是支持她的決定。

　　被父母捧在手裡的掌上明珠，Jay 理所當然成了父母永遠的焦點，令她感覺自己是特別的存在，有如舞台射燈下的唯一。Jay 覺得她的獨特品味最為吸引，非主流的衣著，創新的想法往往給別人帶來新鮮感。Jay 在校內沒有太多朋友，但她卻是校內的風頭躉，幾乎每位同學及老師都認識她，因為她象徵著潮流的指標，總會見到有不少同學都跟隨她的打扮。而在課堂上，每當 professor 收到她的功課作品都總會大叫：「Oh fabulous, such a masterpiece!」大膽的風格及創作力經常都能帶給 professor 及同學驚喜，留下深刻印象。

　　別人都羨慕 Jay 有父母愛錫和藝術才華，但她從來都不懂珍惜自己所擁有的，內心總會感覺有所欠缺，別人擁有的

東西都比她多，一直渴求自己得不到的人或事。這份渴望令她內在的空虛感經常牽動著強烈的情緒，別人無意的晦氣話或輕微的批評，她也會感到被傷害，嚴重的會陷入憂鬱中。因為自信心作怪，害怕太平凡的自己會不能吸引別人受到關注，所以 Jay 認為要與別不同才能凸顯自己，被一般人看成獨一無二，把注意力投放在她身上。但有時過分的反向思想會令 Jay 歪曲了事實的真理。

Jay 過往兩段感情關係都不被父母及社會認同。第一段是在求學時期喜歡了比她大 20 歲的 professor，消息傳出後轟動整間學校，從來師生戀在社會上都不被接受，加上年齡的差距，各同學都議論紛紛。但她毫不介意別人怎樣評論，認為愛情是雙方的，要忠於自己感受，勇敢地向前才是愛的真諦。Jay 對其他人只能接受合理化的愛情，鄙視他們是一般見識的凡夫俗子，而她所追求的是非一般的愛情故事，既轟烈又浪漫，這份感覺好像整合了她的人生。可惜世事不從人願，professor 抵受不了輿論壓力，最後放棄了 Jay。

畢業後，Jay 被招攬到一間很知名的 production house 上班，入職不夠兩年已躍升為 chief designer。Jay 在一個 project 中認識了當時的男朋友，他是街頭藝術表演者。兩人初相識時已非常有默契，經常會透過不同的藝術品來表達對大家的情感，Jay 很享受這份幸福帶給她圓滿的感覺。遺憾的是 Jay 的父母極力反對這段關係，認為她男朋友不論在事業、前途、家庭背景等都比 Jay 遜色，沒法給予她幸福。但 Jay 相信有情飲水飽，愛情是純潔的，不應與金錢或利益掛勾。她

男朋友理解 Jay 父母愛女之心，留下短訊給 Jay 後就「人間蒸發」，怎樣找也找不到。Jay 痛恨父母的阻撓，一怒之下隻身回港散心。

回港後，Jay 一直都是沉溺在失戀的傷痛中，不願理會身邊的人和事。但現實歸現實，人總是要為生活而妥協，還未原諒父母可以回英國之前，留在香港也需要上班賺錢支撐基本開支，經 agency 介紹下去到 Robin 的公司面試。習慣在英國上班的 Jay，剛到 Robin 公司時，看見辦公室內的節奏及空間，她有懷疑過自己能否適應。還在觀察各方面的環境時，秘書已出來請她入內面試。

Jay 踏入 Robin 辦公室的一刻，目瞪口呆看著整間房的佈置，每個角落都是放滿 figures、LEGO 模型、氣槍等之類的玩具，Jay 不禁嘩然：「Oh…my…god!」Robin 看見 Jay 的反應，一邊猜想她是否跟其他人一樣作出負面的評價，一邊幽默地問 Jay 他的房間是否像玩具博物館作為開場白。Jay 回過神來後，稱讚他的辦公室獨特，跟一般只有沉悶的文件和電腦不一樣，感覺在這裡做事不會有工作壓力，反而令人舒服自在。Jay 的回答令 Robin 欣喜若狂，因為終於找到知音人了。從來只有聽到別人說的不是，而女友 Katherine 更不滿房內有太多玩具，給人印象不夠 professional，每次上到辦公室也必囉唆一番。

Robin 與 Jay 不斷欣賞著房內 figures 造得如何精緻，傾談著 LEGO 為何令大人小孩都喜歡。

　　説著説著過了好一段時間兩人才記起 Jay 是來應徵面試，彼此笑著對方的大意，隨後開始正式面試。Robin 欣賞 Jay 的創作才華，而 Jay 喜歡風趣的 Robin 作為上司，加上大家志趣相投，一拍即合。Robin 和 Jay 是公司內被認同的最佳拍檔，二人所合作的 project 經常得到客戶讚賞，並得到不少國際知名大獎。合作久了，大家自然產生不少默契，互相配合和支持。開朗的 Robin 可以帶動情緒波動的 Jay，給她活力，而有著很強同理心的 Jay 能夠開解 Robin 在工作上的困擾。

　　Robin 素來很少跟別人提起與 Katherine 的問題，有次機緣巧合與 Jay 談及 Katherine 打算買樓一事，兩人你一言我一語說著相同的觀點，除了束縛看不到其他好處。Robin 覺得 Jay 能體會他的想法，心理上得到舒緩。而 Jay 對 Robin 這次首度投訴 Katherine 的專橫，並敞開心扉尋求開解，加上兩人一直很 close，Jay 開始幻想 Robin 對她是否有情。

　　但考慮到 Robin 始終是有婦之夫，Jay 感到有點迷失，為什麼她的每段關係都是捉不住，往往是這種特質才能吸引她，這是「命運」嗎？

矛盾

Jay 雖然是個愛幻想的人，但一提到熱愛的設計工作，她真的可以不眠不休趕工，腦海中不斷有新意念湧現，每每都會雀躍跟 Robin 分享，務求令是次國際晚宴有最突破、最驚為天人的效果。

Jay 知道每次提出新意見 Robin 一定贊同，但難為了 Robin 夾在她跟 Katherine 之間，對於 Katherine 來說這些天馬行空的想法只是破壞計劃，為此跟 Robin 吵了好幾回。Jay 不想破壞兩人間的關係，但對 Robin 的支持，令她暗生情愫，彷彿一段不可告人的轟烈愛情正在呼喚著她。

思想大膽瘋狂，但其實內心弱小的 Jay 一直不敢讓 Robin 知道自己的情感，卻又渴望著 Robin 能不小心發現。有時工作過後慶功，大家醉後能輕輕倚靠著對方，一些小親密的動作已讓 Jay 有無限的想像。

沒想到夢幻迷離的關係就在這月瞬間發生，讓 Jay 有如坐過山車般的感覺。在 Met Gala 晚宴上，Robin 跟 Katherine 又吵起來，但今次應該是踩中 Robin 地雷，氣得 Robin 丟下 Katherine 獨自離場。Jay 雖然不知道發生什麼事，但跟在後面，希望能給予 Robin 支持。看著 Robin 瘋了般踢牆，還揮拳打向心愛的 MINI Cooper，Jay 馬上上前阻止：「你瘋了嗎？

連自己的寶貝都打！」眼見平時嬉笑怒罵的 Robin 頹廢的樣子，Jay 不忍攬著對方安撫：「上車吧！我載你去個特別的地方暢飲！」

從繁囂的鬧市駛進市郊，終於到了一間偏僻小屋停下。Robin 有點茫然，Jay 爽直地叫 Robin 下車：「到我家啦，我帶你去參觀我的小酒吧！」踏入 Jay 的大宅，看到一身木色古雅裝修，英式小酒吧後放滿一排形形色色的美酒。Jay 站在酒吧前，熟練帥氣地調酒，向 Robin 端上一杯橙黃色的 cocktail：「放心吧！我在英國可是 part-time 的 bartender。」

Robin 不加思索一口氣喝下，有種說不出的獨特而刺激味道，急嚷著多要一杯。Jay 得意分享：「這種味道我調製了很久，你慢慢飲才會喝到甜酸苦辣四個層次，一邊飲你會感受到不同的意境。」Robin 細喝之下，真的開始感受到不同味道，並浮現著跟 Katherine 不同的景象⋯⋯Robin 明白 Jay 的用意，開懷大喝。兩人無所不談，一杯一杯不停倒下，在酒精的促使下，不禁激烈擁吻起來，共度了瘋狂的一夜。

隔天酒醉醒來，Jay 對昨晚仍念念不忘，輕撫親吻 Robin⋯⋯對於 Jay 一早的邀請，Robin 差點把持不住，唯有馬上找藉口梳洗才忍得住下來。Robin 開大水喉沖洗頭腦，慢慢清醒下來，對昨晚的事十分內疚。另一邊等待著的 Jay 則興奮換上性感睡衣，渴望給予 Robin 驚喜。Robin 甫出浴恍如變了另一個人，一臉正經跟 Jay 就昨晚的事道歉，令滿心期待的 Jay 有點不知所措。Jay 故作輕鬆說：「傻啦，昨晚

當是玩吧，我才不會上心，不會讓 Katherine 知道的！一會
兒公司見吧！」

天真的 Robin 聽後頓時釋懷，急急離開，一心想著如何哄 Katherine。留下空虛寂寞的 Jay，抽著煙、打開酒瓶大杯大杯喝下，對於這種得不到的感情，心中隱隱痛楚，卻又牽引著 Jay 渴望追求。

　　回到工作上，Jay 跟 Robin 均保持專業態度處理，看似風平浪靜沒事發生過一般。唯工作過後的 Jay 酗酒問題越來越嚴重，間中會喝得泥醉並 whatsapp Robin。口中叫 Robin 不要到來，其實早已刻意讓對方知道其地理位置。Jay 每次都會編寫不同故事讓 Robin 趕來，Robin 最初都會信以為真，焦急趕到，Jay 很沉溺這種獲得關注、受溺愛的感覺，曖昧般的感覺比起長久關係更讓她陶醉。

　　但漸漸 Robin 察覺 Jay 的謊話，同時不想令 Katherine 有任何誤會，開始對 Jay 變得冷淡，只保持著工作上的有限接觸。Jay 對 Robin 又愛又恨，她恨 Robin 的冷漠，同時愛這種傷痛的感覺，唯有痛恨才讓 Jay 感到真實。

　　通常走到人生的低谷，Jay 才會想起我這個好友。所以聖誕節收到她的訊息，深知一定不是祝賀目的……Jay 發了一張家中滿地空酒樽，手握玻璃碎片的圖片給我，我已明白她又有大事發生了。

　　到了 Jay 的家，她還繼續編說故事剛開完派對，有多高興般。看著酒杯及玻璃碎片外，地上一幅幅血腥黑暗風格的畫，我知道她心底隱藏著很多負面情緒。我坐下讓她慢慢分享畫中的故事，她越說越激動，不斷慨嘆命運在玩弄人類，

令人永遠在傷痛中生活，但唯有痛苦的愛才是令人刻骨銘心……當然我知道故事中的主角就是她，就是自覺受害的一個。

　　她繼續編寫「偉論」支持自己想法，讓自己沉溺於傷痛之中，望著這個酗酒自殘的女人，作為朋友十分心疼。一生在追求愛情，卻又害怕真摯真實的愛，飄浮在虛假的感覺中，值得嗎？

執着

　　老實説，我真的不知道要怎麼樣才能令 Jay 明白要走出痛苦只有她自己一個人才能做到，這從來都是她的選擇。

　　Jay 發表完她的「偉論」，繼續拿起酒瓶大口大口地喝著。我忍不住説：「這樣值得嗎？」

　　她説：「什麼？我很高興啊，高興才會喝酒的，一起喝吧！」

　　我無奈地拿起其中一隻酒杯，酙了杯威士忌，試著陪她一起喝，然後繼續説：「你覺得人生有選擇嗎？」

　　「選擇？哼～人從來沒有選擇的權利！」她斬釘截鐵的説。

　　「為什麼沒有？」我問她。

　　「由你出生開始就已經沒有了吧！」

　　「那往後呢？人生中的各項事情我們是有權選擇的。」我回應她。「你的人生是你作主的，你可以選擇活在痛苦中，亦可以選擇活在快樂中，問題是你怎樣看待。」我緩緩地説，試著帶領 Jay 去思索。她向我望過來，神情有點茫然。

　　我繼續説：「你現在的情況就好比活在這屋內，沒有

開燈，窗簾也是關着，周圍都顯得黑暗，你選擇繼續待在這屋內，你就不知道外面的世界有多明亮。」

「我不喜歡外面的明亮。」她回應著說。

「你沒有出過外面，怎麼知道外面不好？你怎麼知道你不喜歡？」

「我就只喜歡這裡，你看這裡多特別，這裡很好。」

「你說你喜歡這裡，這裡有什麼好？說來聽聽。」我問道。

Jay 閉上雙眼：「這裡的黑暗給我傷痛的感覺，令我有一種存在感。我喜歡這裡的與眾不同。」

「你為什麼喜歡與眾不同？」

「我就是喜歡，沒有特別原因。」

「你不覺得十分痛苦嗎？」

「我喜歡痛苦！」

「你不喜歡痛苦！」

「不是的！」

「是的！」

「不是的！」

「哼！你不覺得很可笑嗎？你説喜歡痛苦而讓自己活在痛苦中，但你完全不享受，所以根本不喜歡痛苦。你只是要讓自己與眾不同而已！」

「這有什麼問題？」

「你不一定要讓自己活在痛苦中而顯得與眾不同。平凡有什麼不好？」

「平凡的生活太無聊吧！」Jay 説。

「我又不是需要你平平淡淡過一生，而是叫你讓自己不要太執着。我從小就認識你，知道你天生就是一個很有才華的人，這天賦已讓你很不平凡了，何必執着於人生的其他部分呢？」

「我沒有選擇……」

「你有的，只是你沒有察覺而已！既然你喜歡特別，你可以選擇走出黑暗，活出精彩的人生，這也是個不平凡的選擇！」

我盡量嘗試把 Jay 的負面想法扭轉成正面想法，不讓她再胡思亂想，希望她明白人生是操控在她的手裡，問題是她如何選擇，平凡與與眾不同是個人的感覺，用不着太執着吧！

説著説著，看見 Jay 好像在酒意中漸進夢鄉去。我為她輕輕蓋上被後離去。

　　Jay 第二天醒來，以為自己昨晚做了夢，但望著滿地的玻璃碎以及一幅幅油畫，便知道自己不是做夢。想了想昨晚發生過的事，然後便發了個短訊給 Robin：「我要回英國了，勿念！」

　　Jay 仍舊保留她那獨行獨段的風格，她知道這輩子都不能忘記 Robin，但她知道這是她的選擇。她不想再影響 Robin，既然是這樣，她選擇了一個人繼續沉溺於這苦戀的痛苦中。

　　在回英國的旅程上，彷彿有一把聲音在 Jay 腦海徘徊：「追求幸福亦是很不平凡的選擇。」

　　到底是誰跟我說的？聽起來挺酷的。

　　雖然 Jay 還未了解箇中真理，但抱著期待心態在英國中探究更多。

　　Jay 的離開，Robin 起初十分內疚，他認為一定是那天晚上的事，才讓她離開。加上 Jay 是他最合拍的 partner，又一起拼搏了不少時間。最後他仍選擇保留 Jay 的辦公桌，希望她會有一日回來，這算是停薪留職吧！但隨時間慢慢地過去，Robin 已經很快投入工作了，一切好像沒有發生過一樣。

錯愛

To love or not to love……每段關係都有它的關鍵字，這一回 Jay 跟 Robin 的叫「**拒絕**」（refusal）。

數年前曾經處理過一個個案：有一位少婦到來找我諮詢其感情問題。她六年前跟初戀的中學男朋友結婚，那年他們廿四歲。基於大家都認為養育下一代責任很大，所以一直沒打算生小孩。在往後的婚姻生活裡，他們每年都會外遊，大家也有不少共同朋友一起吃喝玩樂。但一起日子久了，婚姻生活難免變得枯燥，愛情變成感情，大家更像同屋主多於愛侶。於一次偶然的合作，她在工作環境裡認識了一位新入職的男同事，跟他火速戀上並發生關係。即使她和他都知道雙方都是已婚人士，他倆就這樣過了一年多的「四人行」生活。當然，他們的保密工夫做得很好，不單瞞過了公司的同事，就連雙方的另一半也絲毫察覺不到一點偽端。她跟我說，她願意為他離開共枕多年的他，但同時她深明對方不會為她離開他的太太。為此她感到很無奈卻不能自拔。到後來，她因為接受不了自己長期處於一腳踏兩船的生活，最終主動結束了六年的婚姻，但男同事不久離職後便失去聯絡，雙方的關係最後無疾而終。

其實一段感情，如何界定為「愛錯」呢？若然一開始已知道對方薄倖無情、不值得自己花時間去愛的話，相信一

定很少人會愛錯。愛一個人，一開始一定只會把對方的優點無限量放大，不單不會理會別人的勸阻，甚至連叫自己「剎停」的直覺也會拒絕聆聽。

以 Jay 的性格特質，她一定知道自己跟以前的 Professor 和街頭藝術表演者男朋友的感情路不會是平坦易行；到現在她愛上了跟她一起共事、既是上司又是已婚的 Robin，就更加知道是如履薄冰，像踩鋼線般的一段見不到出路的關係。當然，我相信很多人一定會對 Jay 咬牙切齒，覺得她任性、偏執、破壞別人家庭幸福、損人不利己，最終孑然一身是必然的結果。但我們要知道和接受，若撇除道德等因素，**感情事真的沒有一條特定的方程式**。每個人都有權選擇自己認為是對、想行的路，而任何人都不應亦不能用自己「條尺」去作標準。當然，我不認同戀上已婚的人是對，也不鼓吹大家輕易去結束一段婚姻。但清官難審家庭事，每個故事背後總有其因由。我們作為諮詢師或教練的工作，就是要幫對方釐清想法，從而作出他們自己認為是對、能承擔得起的決定，而不是判斷對方的對與錯。

> "People make the best choice available to them at the time they make it."
>
> — NLP key belief

當一個人愛上一個怎麼樣的人，我們作為局外人不應也不能多作評論，作為當局者，**對與錯就要看這段感情是否值得愛**。而值得與否，不單只看見自己的一方，更要看對方

跟自己的取態和方向是否一致。像 2016 年的一套話題電視劇《綠豆》，當中廖碧兒飾演 Diamond 這個第三者角色，即使男方給予自己再多的物慾滿足，口中所說的如何相逢恨晚，夫妻間如何沒有了感情，離婚是遲早的問題，但永遠卻只有遲，沒有早。自己永遠都是後備，best 是 best，但卻永遠是 second best。**對與錯，是一對愛人，雙方是否同步；是一段感情，能否見到將來。**

時間是用來擅用，而不是用來磨蝕的；時間是用來享受，而不是用來等待的。

若果對方真的愛自己，與自己同步的話，他／她是不應用「時間」去捆綁對方的。其實 Jay 跟很多人一樣，一早已應該意識到她投進的是一段沒結果的感情。我不知道是她不能接受或不想理會，我只知道這是她的一個選擇。雖說 Jay 的性格喜愛與眾不同，但相信她跟一般正常人一樣，希望自己愛的人跟自己一樣，會把自己放在第一位，愛錫自己吧。

愛一個人，就應該愛得自私。而所謂「自私」，首先就是**不要去找一個會傷害自己的人去愛**。愛是應該享受的，對對方好是應該，對自己好就更是必然。否則，我實在找不到一個合理的原因為何人要花這麼多心力去跟一個人相處。其二就是**找一個會愛自己的人去愛**。所有關係都是一個給予（give）和獲取（take）的零和遊戲（zero-sum game）。若然找到一個愛自己的人，我們會不期然更用心的去給予對方、愛對方、包容對方更多，只有這樣的感情關係才有持久

不衰、收成正果的機會。

愛情是盲目的,這是不爭的事實。要知道,一段感情能令自己盲目去投入著實是一件幸福的事。最重要是我們能夠從這段關係裡、以及能從另一半身上得到足夠的愛。這是最基本的。既然愛是盲目,局外人很難要求當事人用邏輯思維去將事情合理化,所以在我的諮詢過程中,主要的工作是提供一個安全和沒有批判的環境(risk-free environment),賦予(empower)客戶能力去釐清自己的所思所想,跟自己的內心聲音連接(inner voice connection),好讓他們作出自己認為最適合的選擇和決定。所以像 Jay 的事例,我會建議客戶參與一些近來非常普及和流行的正觀正念訓練(mindfulness)。不論是透過諮詢服務,相關的訓練課程,抑或是自行修練也可。重點是給予自己一個「**自己給回自己**」的時間和能力(ability to give yourself back to yourself)。讓自己在沒有受到情緒的影響下,訓練及強化自己能夠擁有一個澄明的思考空間。因為若果我們能有意識地好好想想自己身處的環境、對方的想法及行為,以及能坦誠的聆聽自己內在的聲音(而不是拒絕它)的話,你所作出的決定除了仍然能忠於自己之外,更會多了一份正向和雙贏的確定和必然性。

自己的感覺,從來都知道,只是不接受;
執著自己,還是放過自己,我們從來有選擇!

不論是兩性關係,抑或是處理個人事件,能多接收

（acknowledge）、多接受（accept）、多欣賞（appreciate）自己和別人是非常好的事。像 Jay 一直都在為自己得不到的感情而感到黯然神傷，但她又有否想到讓自己幸福也是一個選擇？要知道，拒絕平凡、想擁有自我和獨特性是絕對沒有問題，但卻不一定要投射和誇大那份多愁善感、令自己不能自拔地沉溺於憂鬱的情緒中。反而她若能真誠地環抱自己獨特的觸覺、熱情和品味，讓自己在生活上，工作上及兩性關係裡活出最圓滿自我、有意義、有深度的自己，那麼一個豐盛且完整的生活和感情應離此不遠矣！

延伸討論

1. 當你的伴侶對**你的情感愛理不理**，不懂珍惜**你在他／她身邊的重要性**，你會怎樣找到一個平衡？

2. 當你跟伴侶相處，這段關係**不能令你活出最好的自己**，你會怎樣處理這段關係？你會給予多少時間才作出相應行動或決定？

3. 你是用甚麼方法去衡量對方「**愛你不愛你**」？

參考資訊

1. 正觀正念訓練（mindfulness）源於二千五百年前的佛教禪修和默想。於 1979 年經 Dr. Jon Kabat-Zinn 及在美國 The University of Massachusetts Hospital 的 Stress Reduction Clinic 團隊發明並用於治療各種慢性醫學、長期患病及心理等的問題。現今靜觀訓練已被廣泛運用於個人及企業層面上，成效顯著。（http://www.umassmed.edu/cfm/stress-reduction）

2. 很多人經常會被情緒主導行為，令他們不能清晰地作出應有的決定及減低應有的分析能力。根據一個 2010 年的心理學的研究發現，一組患抑鬱症病的實驗對象在短短三天，每天三次，每次二十分鐘進行正觀正念訓練後，他們表示其心情在三日間普遍改善約 74%。

3. 我們經常聽到世界各地的離婚率日漸上升（包括香港），但其實它的計算方法是非常糟糕的，就是將每年的結婚個案跟同年的離婚個案作參考計算出離婚率，所以每年的落

差可能很大，頗不可靠。（例子：某年離婚個案 =70 宗；
同年結婚個案 =100 宗 -> 該年的離婚率 =70%）

生仔不生仔

自我

　　除了喜歡電玩和動漫等相關產品外，Stephen 可算是一名「宅男」，他很享受獨處，不擅與人溝通，只愛整天待在家裡作學術研究，與朋友相處亦比較被動及冷漠，因此從來沒有太多的社交活動。有時 Stephen 也喜歡跟三五知己共聚，但不太懂得閒談，只有交流知識才能令他滔滔不絕，可惜一般的年輕人課外後只對娛樂消閒感興趣，所以長期交往的朋友也不多。

　　Stephen 事業發展穩定後，覺得是時候準備人生另一階段組織家庭，從未有兩性關係經驗的他，沒有選擇詢問朋友意見，反而去看有關愛情的書籍和上網找尋資訊，始終書本是他最好的「朋友」。他的愛情觀跟學術研究同是用著固有的模式，先收集資料、觀察、分析、研究再定下自己的一套理論，如果別人對他的見解有所懷疑，會感到受傷害，與人辯論到底直至別人認同為止。

　　雖然已做了很多資料搜集，但 Stephen 總覺得還未充分掌握愛情是怎麼一回事，遲遲都沒有採取行動。對 Stephen 來說，沒有充分的了解下而作任何決定會帶來不安，打亂了他的思想，因此錯失了很多機會。但現實並非所有事都能在控制下發生，尤其是緣份。

Stephen 與家人的住所租約即將期滿，需另覓地方遷移，經他詳細研究下，找了在區內具有名氣的地產經紀 Teresa。

Teresa 之所以受歡迎是因為她視客戶的需要為前提，不辭勞苦地幫助他們找到最合適的單位，並且保障買賣雙方得到最大的權益，跟一般經紀只為自己的佣金而忽視客戶的需求截然不同。Teresa 同理心很強，容易感應別人所需，對客戶、親友，甚至陌生人都經常主動伸出援手，提供幫助，以助人為己任不求回報。和藹可親和善解人意的她經常獲得別人歡心、重視和信任，很多朋友都是她的老客戶。

整個租賃過程中，Stephen 欣賞 Teresa 對客戶細心體貼，聆聽他與父母的需要，並能一起分析每個單位的好與壞。不多說話的他，跟 Teresa 一起討論時顯得興奮雀躍，沒有以往跟陌生人溝通那種不自在及抽離，對 Teresa 那份情感前所未有，後來從他的資訊上才領悟到這就是愛情！

Teresa 善於洞察別人的才華，很快她對博學多才的 Stephen 也產生好感。Teresa 很會稱讚及支持 Stephen 來成就他，給予他足夠的私人空間讓他做學術研究。有時候 Stephen 太沉醉於研究而忽略照料自己一些生活小細節，但 Teresa 對他的照顧無微不至，令他也漸漸倚賴了 Teresa。Teresa 很嚮往被別人需要的感覺，這好讓她在別人心中存在重要的位置並確認她的價值，給他們鼓勵和分擔問題。

所有大小事務一向都是 Stephen 作決定，Teresa 只是聽從和執行，因為別人的感受和事永遠都是第一位，會盡自己

最大能力配合。而一向很喜歡小朋友的 Teresa，結婚後不久已向 Stephen 提出希望在 35 歲前生下兩個小朋友，希望有個完整的家。當時 Stephen 已答允在適當時候便可以計劃，Teresa 非常高興她做媽媽的夢想將可實現，但之後每次再問起 Stephen，他總有一堆理由說不是時候，Teresa 又不想因反駁引起衝突而放棄爭論。

Katherine 與 Teresa 的妹妹 Diana 閒聊中提起置業計劃，Diana 提議相約姐姐 Teresa 見面可以給她專業意見。Katherine、Diana 和 Teresa 約會了在星期日 High Tea，起初只是談及一些樓市動向、樓盤介紹等相關的話題，但正所謂「三個女人一個墟」，所聊的內容何止那麼單調呢？不久後，她們都是圍繞一般女性與閨蜜會談及的愛情、結婚生育和其他一些 girls' talk。

當 Katherine 一提及買樓後就計劃生小朋友時，被觸動到的 Teresa 突然感覺很沉重，內心的鬱結又再浮現在腦海，回想當初的願望，時限已到但可惜一個小朋友都還沒有。Teresa 羨慕 Katherine 的情況雖然與自己相若，老公同樣都不和議生小朋友，但 Katherine 有為自己的計劃而努力爭取。Katherine 的積極令 Teresa 明白自己的夢想同樣重要，不應為了別人而放棄，Teresa 決定鼓起勇氣對 Stephen 表達她的想法。

回家後 Teresa 打算立即跟 Stephen 商討，可是看見 Stephen 的時候莫名其妙地湧起了難以啟齒的感覺，不知如

何說起，其實她的內心是害怕爭辯會破壞氣氛，影響雙方關係，但又好像心有不甘，原本的堅持不知跑到哪裡，整晚都心神恍惚，忐忑不安。晚間新聞剛報導政府 2017 年度賣地計劃，Teresa 這時抓緊機會提起 Katherine 買樓的計劃。

Teresa 提到 Katherine 置業的原因是計劃要小朋友，但 Stephen 好像沒有聽到弦外之音，只是發表著他對這經濟環境下買樓的見解。Teresa 心想 Stephen 的感應力一向偏低，既然她都準備好還是直接帶出主題吧。

「Katherine 今年才 29 歲已準備生小朋友，這麼年輕便計劃都是好事，始終懷孕風險會隨著年齡而增加。」Teresa 待 Stephen 說話中稍有停頓位時立即拉開話題。

「你知嘛，生小朋友不是問題，問題是在教養，有很多考慮因素。」Stephen 一如既往的回答。

「什麼時候才是合適時機？身邊的朋友已差不多都有小朋友了。」Teresa 開始有點不耐煩。

「你說是差不多，即不是全部。現在比以往有更加多不明朗因素，英國脫歐、新特首，還有當 Donald Trump 還未正式上場時已挑戰阿爺的一個中國政策，跟台灣總統通電、加上經濟低迷，如果公司裁員，我做的 IT 部門肯定是首當其衝，而你的收入又不是固定⋯⋯」Stephen 滔滔不絕說著他的論點。

「每個香港人都面對同樣的問題，為何其他人可以而我

131

們不能？我快到 36 歲變高齡產婦了，當初結婚後你的承諾還記得嗎？」Teresa 氣憤地說完便大力關門，躲進睡房。

　　Stephen 被嚇呆了，他所認識的 Teresa 突然好像變了另一個人，從未有向他發過脾氣、只會和議他的說法的 Teresa，為什麼這次跟以往有這麼大的落差？

突變

　　Stephen 對老婆的「突變」百思不得其解，平時面帶笑容、善解人意的 Teresa 變得鬱鬱不歡，經常發小脾氣，而且經期狀況不穩。為此 Stephen 不斷在網上搜尋其行為、徵狀，驚覺 Teresa 的狀況跟「近更年期」十分吻合，雖然對 35 歲的 Teresa 來説是有點早，但網上卻有少數案例及醫生分析支持，Stephen 極力搜尋相應的解決方法，希望能幫助 Teresa。

　　另一方面，Teresa 對自己發脾氣後感到自責。細想之下，自覺應該多踏出一步，可能平時太投放心力在幫助朋友、客人上，少了跟 Stephen 的獨處及製造小情趣。因此特意找 Diana 陪同，購買了性感睡衣，希望為老公製造驚喜。

　　滿心期待的 Teresa 一踏入門口，便看到奶奶板著臉坐著。Teresa 試圖了解，怎料平時火氣十足的奶奶即時爆發：「怎麼我旅行一回來，廚房都變了樣？陳太的秘製醬都不見了？」Teresa 耐心解釋：「奶奶，我見大掃除清理一下，發現很多醬油都過期了，我擔心你吃了對身體不好！」奶奶聽不進耳：「你懂什麼？我叫你不要亂動我的廚房，你總是好管閒事。有空閒就弄個小孩，陳太的新抱都三年抱兩了，人人都問我什麼時候抱孫啦！」

Teresa 感到十分委屈，望著坐在沙發上看電腦雜誌的 Stephen，期望 Stephen 能幫忙說好話。Stephen 深知幫助任何一方都會引發災難，左右為難，只好保持沉默，用雜誌擋住視線。

　　看到 Teresa 默不作聲、面帶不滿的樣子，奶奶繼續投訴：「我叫你介紹單位給陳太，明明叫你找個近陳太家的地方，為什麼最後介紹一個相隔幾個站的呢？」

　　Teresa 連忙解釋說：「其實陳太是買給兒子的，我跟他兒子談過，他跟太太想找個近工作地方一點，而且校網較好的，所以我介紹個中間點給他。」奶奶聽後更生氣：「陳太就是想他們住近一點！你幹麼管這麼多人的考慮？管付錢的想法就夠了！」

　　Teresa 反駁道：「奶奶，這是我的專業，賣樓必須顧及住客的需要和感受！」奶奶氣憤地向 Stephen 投訴：「你老婆都變了，未嫁之前不是這樣子的。」Stephen 上前安撫說：「媽，Teresa 工作太累才這樣，原諒她吧！」

　　「原諒」兩字觸動了 Teresa 的神經，明明出發點是為人好，但卻要受責，Teresa 忍不住淚水走進房間。

　　安撫好母親的 Stephen 已滿是疲勞，一處理人際關係和糾紛他便頭痛，更何況是兩個最親的女人。Stephen 硬著頭皮走進房間，Teresa 一面委屈申訴，試圖向老公說清前文後理，期望得到老公的支持。怎料說不了兩句，Stephen 便打

斷她:「我明白的!其實事情並不重要,都已經發生了。你就體諒媽媽是老人家,今次遷就一下她吧!」Stephen 只想簡單解決事件,但 Teresa 卻想分享感受,此刻令 Teresa 陪感心傷。

Stephen 嘗試轉換話題，從背包中拿了個袋子：「老婆，我買了東西給你。」Teresa 很久沒收過老公的禮物了，沒想到老公仍會有小驚喜，立即回復過來：「這麼巧，我也準備了東西給你。」

　　Teresa 甜絲絲的打開袋子，頓時呆了。Stephen 拿出一盒看似「太太口服液」的東西說道：「老婆，我見你最近情緒、身體不太好，聽我的醫生朋友說這個對身體好。你試試看，我們找天可以看醫生，我擔心你提早更年期呢。」

　　Teresa 瞪大雙眼說：「連你都覺得我無理，覺得我有病或更年期！我受不住，不想再談了！」當下用棉被蓋頭掩耳，拒絕再跟老公對話。

　　此後 Stephen 跟 Teresa 一直冷戰。面對 Teresa 跟媽媽的關係，Stephen 深感左右做人難，只想獨處逃避。因此明明不用加班，卻騙說有新 project，多花時間在公司也不回家。其實 Stephen 並不是別人眼中的冷漠無情，多留在公司的時間，他都在精心製作「造人大計」。Stephen 一一列出養育小朋友的開支和預計資金分配。為了追求精準，他上網尋找什麼時候是最佳命中率。看似事事胸有成竹的他，其實對自己的性能力欠缺自信，一直搜尋如何可以表現更出色，令老婆更滿足。這一切都保持秘密，希望在準備最充足時才跟 Teresa 分享。

　　Teresa 對 Stephen 的沉默很不是味兒，一直悶悶不樂。本來喜喜洋洋的新年，在 Teresa 家氣氛卻變得沉重。親戚們

到來拜年，大家見 Teresa 逗著小孩玩，都嚷著問什麼時候生小朋友。奶奶此時又抱怨：「你不要每日忙著覆客好了，時間都花在客人上，哪有精力去生小孩？」

Teresa 面色一沉，走進廚房為大家煎糕，逃離可怕的追問。Diana 看到姐姐面有難色，主動幫忙和關心一下她的近況。Teresa 開懷跟 Diana 傾訴，作為局外人的身份，Diana 聽得出很多溝通上的誤解。Diana 不想姐姐再難過下去，捉了 Stephen 進來，希望尋找解決方法。

Diana 看著兩人：「我由你們結識開始，知道你們都很珍惜對方。但我知道你們中間有些問題，與其冷戰下去，不如嘗試找人協助。我有朋友是 NLP 專家，鑽研兩性關係，專為夫婦提供輔導服務，你們或者可以試試呢。」

起初 Stephen 聽到有點抗拒：「他是什麼人？ NLP 我在網上亦有看過，他有什麼專業資格？」聽到一連串問題，已讓 Teresa 心煩：「夠了！你要計算到什麼時候？我們的感情亦要計算嗎？」

Teresa 的說話教 Stephen 心痛。Stephen 沉思了一下，告訴 Teresa 有東西要跟她發享。過了數分鐘後拿著一疊厚厚的文件回來。Teresa 打開來看，驚覺是一份長長的「造人大計」，Stephen 捉著 Teresa 的手說：「這只是 draft version……或者我們可試試去輔導，我希望我們可以繼續走下去……」

不同

經 Diana 的介紹，Teresa 和 Stephen 一同到了那位 NLP 大師的辦公室。他是一位心理資詢師，主要處理兩性關係。

步入辦公室，感覺非常舒適和諧。心理資詢師 Henry 已經熱情地上前和 Teresa 跟 Stephen 打招呼，感覺好像認識了很久的老朋友一樣。

Henry 邀請他們坐下，寒暄了幾句之後，感覺大家都熱身了，然後才問道：「兩位今日上來想怎麼樣？」Teresa 回答：「我和先生最近因為一些事情發生了衝突。」Stephen 接著說：「我上網查閱過，知道 NLP 是和溝通有關的。我與太太出現溝通上的問題，希望找一位像您這般的專業人士幫助一下。」

Henry 問道：「請問發生了什麼事情？可以告訴我嗎？」

Stephen 開口說：「之前我們因為生育小朋友的問題發生衝突，之後又因為婆媳問題冷戰了一個時期，我想是大家溝通出現問題吧！」

Teresa 聽見 Stephen 把問題和盤托出顯得有點尷尬，向 Stephen 望了一眼。Stephen 罕有地搶著說：「我們要坦白一點，人家才能幫助我們，我真的不想誤會越來越深。」

Henry 接著問道：「可否詳盡一點說說所謂生育小朋友的衝突呢？」

Teresa 開口說道：「其實結婚後，我一直很想早點生小朋友，可是每次想提出討論時，我卻擔心不知道對方怎樣想，不知道如何開口；到找到合適機會時，他總是有藉口推辭，令我很不是味兒。後來才發現，他原來已經準備了一份詳盡的做人大計。」Stephen 接着說：「你知道嗎？生一個小朋友真的要有很多考慮，沒有周詳的計劃，我們不能輕舉妄動。」Teresa 反駁說：「我明白有計劃是好的，但總不能每件事情都計算得那麼清楚吧。我快 36 歲了，你也不想我當高齡產婦吧！其他家庭也沒有周詳計劃，他們都是這樣生兒育女，有什麼問題呢？」Stephen 很是驚訝，他完全不知道 Teresa 有這樣的考慮。他向 Henry 問道：「你說我們之間是不是有很大的問題？」除了小朋友的問題，Teresa 和 Stephen 亦把婆媳衝突的事件告訴 Henry，希望不會再次發生。

聽完他們的敍述後，Henry 托一托眼鏡，緩緩地說：「我不認為你們之間有什麼問題。」聽到這樣的回應，Stephen 和 Teresa 很是驚訝，望著 Henry 似乎是等他進一步解釋。Henry 接著說：「你們倆是兩個獨立的個體，大家會有不同的溝通模式喜好。當大家沒有考慮對方的溝通模式喜好，就會發生你們所謂的問題。舉個例子：A 君喜歡以圖像來溝通和表達，但 B 君因為自己喜歡以文字來表達，用自己喜歡的

方式跟 A 君溝通，結果就會有差異，甚至會發生衝突。」

Teresa 問道：「那我們要怎麼辦？」

「其實兩個人的溝通，最重要就是互相尊重，了解對方喜歡的溝通模式，甚至乎要觀察對方的『眉頭眼額』，從而調整自己的表達方法。」Henry 解釋著說。「就如你說，Stephen 是比較喜歡計劃周詳，理性分析的類型；而 Teresa 你是比較偏於感受性的類型。結果你不知道 Stephen 正在籌備當中，當中就會有落差，影響心情。」Henry 繼續說。

「婆媳事件亦是一樣，Stephen 出於好意希望你跟奶奶不要再吵架，快速地完結事件。但他沒有察覺你的身體語言，沒有考慮你的感受，結果像 Teresa 你這樣注意感受的人便有落差，覺得受到委屈。」

「我以往看過很多個案，都好像你們一樣，並不是存在問題，只是大家都用自己的方式跟對方溝通，希望對方會明白，但結果因為大家都不了解對方，或不知道怎樣表達，所以會有落差，導致一些矛盾及衝突發生。所以只要多觀察對方，多留意對方，然後 step into their shoes，就會找到溝通的精髓。」

「我的專業 NLP 就是明白每個人接收、處理、儲存及發放訊息都是不同，故在溝通上要多留意對方的身體語言，多從對方的角度出發，就會容易建立良好的關係。不單是兩性關係，家人、朋友、同事或上司下屬也是一樣。」

聽完 Henry 詳盡的分析，Stephen 主動握著 Teresa 的手然後説：「以前我真的不懂得如何溝通，今後我會多加注意了。」Teresa 亦説：「我過往也沒有好好欣賞你的詳盡計劃呢！」

Henry 看見又有一對夫婦成功解決危機，心裡有説不出的滿足感。

三個月後，Teresa 成功懷孕，她與 Stephen 希望感謝 Henry，於是相約 Diana 到 Henry 的辦公室送上果籃以表謝意，在 Henry 的辦公室 Diana 踫到公司的行政助理，才得知他是 Henry 的學生，怪不得可以幫她處理與 Donald 的問題，這個世界真細小啊！

接受

To love or not to love……每段關係都有它的關鍵字，這一回 Teresa 跟 Stephen 的叫「**兩極**」（polarity）。

我曾經在不同場合跟我的學員和客戶做過這樣的一個練習：

1）試想想十件你最近發生的不好／壞事。

2）然後想想十件你最近發生的好事。

3）以上兩個列舉，哪一個比較容易被你喚出來？

根據外國一項調查發現，當我們每天要面對種種挑戰、希望能跟別人建立和維繫良好關係、或寄望能做好自己的工作和角色，我們往往會不期然將自己的時間和心力放諸於處理問題、減低受傷的風險、計算如何能將外在的威脅減到最低。因此我們大都會專注集中去尋找危機和壞事多於機會和好事。這叫「人本性的消極化傾向」（human negativity bias）。

一對情侶，開始走在一起時，大家一定十分努力並很自然地只見到對方的「好」；一旦日子久了，那些「好」會很自然地被遺忘，雙方卻只見到對方的「差」。這確實非常無奈，但卻是不爭的事實。我發現現今很多情侶不再守株待

兔去等待那個跟自己 "same-same" 的對方拍拖；相反他們很容易會被一個由性格、喜惡到興趣都跟自己不一樣的那個他／她相戀，擦出愛火花。相戀初期，大家的包容度不知怎地好像深不見底，眼睛也好像是盲了一樣，對對方的大小缺點和生活上的種種落差都只會當笑話般，一笑置之。蜜月期過後，他們個個都忽然變成為姓「賴」，成為判官，對對方的小小錯失也會用放大鏡去誇大事件，把對方長期咬住不放，像仇人一樣。那時候，感情頓然變得乏味，關係變得糾結。就好像最近我透過最新研發揉合 NLP 跟 LEGO® SERIOUS PLAY® 的一套促進兩性關係的諮詢方法，去處理一對瀕臨離婚邊緣的夫婦（假若他們真的離婚，那麼我便得更換變成一位專業調解員的角色去處理他們的個案了！）。在一連串的輔導式提問和運用 LEGO® 所建構出來的模型，他們進行了很多深入的自我反思和互動溝通。經過兩次共四小時的會面，他們發現雙方原來仍然是關心和愛著對方的，最終成功幫助他們重新投入感情，決意選擇一起繼續走下去。

從以上的個案，得出一個有趣的反思：究竟是甚麼導致一對又一對的情侶，明明是愛著大家，卻偏偏出現這麼多的問題令他們「出事」呢？

情況就好像 Teresa 跟 Stephen 這一對，由始至終他們都是喜歡大家，認定對方為終生伴侶，家庭生活整體尚算理想和幸福。當然，他們就生育和婆媳關係上是有一些糾結，但其實那些都只是表面的問題，他們的真正問題反而在於雙方在溝通、交流方面都太過執著和自我，都愛用自己的方式和

按自己的時間表行事,所以他們都沒有足夠的危機意識和敏感度去觀察對方對自己所講和所做(或沒有講和做)出來的東西的反應。就好像 Teresa 只是想跟 Stephen 分享她對婆媳關係的委屈和感受,但 Stephen 卻只想盡快去解決問題。結果只令 Teresa 倍感傷心。而當 Stephen 感到萬般不解的時候,Teresa 卻沒有跟 Stephen 說明她的情感及情緒根源。結果問題不單沒有解決,更加深了他們對對方的不滿和困惑。

"The person with the most flexibility in thinking and behavior has the greatest influence." - NLP key belief

要跟對方好好相處,便得讓自己有足夠空間和氣度去為對方作出一些自己不一定同意的抉擇和行為。我們常說愛對方,便要為對方作出付出。正確點來說,若果我們真的愛對方,我們應該是**為對方先付出**,因為肯先付出的那位永遠都是贏家(givers gain)。

最近很多人都愛去看北極光。我有一對好朋友夫婦歡天喜地的去,卻板著臉回來。原因是女的認為看北極光的過程應是很浪漫的事,男的卻全程像科學/天文學家上身般跟她說著北極光的形成。雖然我沒有多大的情操去這麼寒冷的地方看北極光,但我卻覺得北極光跟愛情的本質有著很多類似的地方。它們都是由兩種不同的物質碰撞出來的一個無添加的美麗景象。當然,這個天然現象可以令人興奮,但同時也可以令人瘋顛。但這份「未知」不正正就是人們會不理嚴寒、不理有機會失望和受傷害但仍然義無反顧去看、去愛的

原因嗎？分別在於你選擇去「**活出**」還是「**活死**」你的人生和感情吧！

　　過去數月我再度積極禪修，好讓自己在正觀正念訓練（mindfulness）方面更能掌握。有次禪師跟我們參公案，跟我們説我們為何常常會有煩惱、為何會不快樂，其實多數源自我們把自己的那個「我」放得太大，令我們變得執著。禪學想我們學習、練習及保持着一個「不知的心」（don't know mind）。而禪學所指的「不知」，就是找到我們的自性（selflessness），令自己內心沒有假設前提，對別人的提問也沒有特定預設的答案。這樣的話，答案就能在當下找到，而我們更能擁有更多空間去包容別人，去多做些正確的事。

　　不論是兩性關係，抑或是處理個人事件，我們從來都有選擇權去**接受或是放棄**，去**珍惜或是抱怨**。曾拜讀一本很有意思的書，名叫《不抱怨的世界》（A Complaint Free World）。當中作者要求讀者們去接受一個為期連續二十一日無間斷的挑戰——把一條紫色的塑膠手帶配戴於手腕，然後有意識地去留意自己有否對對方或事物作出抱怨。倘若抱怨了，那麼參與者便要從新計算那連續二十一天的挑戰，直至達到目標為止。當我們都積極去留意自己跟對方相處事的模式，我們便能輕易找回當初大家想走在一起的那份不可多得的「**初心**」。到時，即使那條感情路如何難行，我們都會鼓起勇氣，繼續追尋愛。

　　共勉之！

延伸討論

1. 當你發現你的伴侶跟自己的**溝通模式迥異、非常「雞同鴨講」**，你覺得應在一個怎麼樣的環境／時間下跟他／她傾談比較合適呢？

2. 當你跟伴侶因實際環境因素而需要**跟對方的父母甚至其他親人同住**，你會怎樣維持一個良好心態去處理多元家庭而同時避免影響你倆的感情？

3. 當大家相處久了，愛情變成感情，最終再變成友情／同情／同屋之情往往都不足為奇。但是若果你選擇大家繼續走在一起，你會做些甚麼令自己和對方能找回那份「**初心**」？

參考資訊

1. 根據佛羅里達州立大學的一項研究發現，短期的嬲怒以及就這嬲怒情緒跟伴侶所作出的討論是有助雙方改善關係關鍵因素之一。發怒有時候能令對方意識到甚麼事情、情況或行為已觸及自己的「底線」。

2. 有數據顯示一對情侶若在 28 至 32 歲期間結婚的話，他們在往後的分離機會率相對於其他年齡層為低。來源：*Belinda Luscombe*（*2016*）

3. 香港的結婚率、出生率跟樓市需求著實是息息相關的。據政府統計數字，在 2010 年至 2014 年的五年間，平均每年結婚數目約為 56,640 宗，跟前 5 年（2005 年至 2009 年）47,860 宗多出 18.35%，而 2000 年前後每年結婚更只得 30,000 多宗，由此可見近年結婚率增幅相當之高。

同樣地，本港出生率近年亦同樣不斷上升，2011 年更有逾 95,000 名嬰兒出生，為 2003 年以來新高，2014 年雖然跌至約 62,000 名（主要因雙非嬰兒減少過萬名），但統計過去 5 年（2010 年至 2014 年）平均每年仍有 79,000 名嬰兒出生，跟前 5 年（2005 年至 2009 年）的平均數 70,000 名嬰兒出生比較，上升約 12.86%。結婚率與出生率同步上升，反映市場上分支家庭的自住需求增加，也正正反映香港樓市為何久久不能下調的其中一個主要因素。

後記

　　幸福從來不是必然，要擁有，除了靠愛和緣份，還需靠努力經營。

　　身邊的朋友總是尋尋覓覓，但也找不到他們的 Mr. ／ Miss Right，問題在哪裡呢？每段關係開始時必定是甜蜜，眼中的他／她都是完美般的出現，對方所有行為總會麻木被接受。但為什麼熱戀期過後，態度跟初相識時會有這麼大的落差？往往聽到的，都是對另一半的不滿及怨言，而本來的優點好像消失得無影無蹤，為什麼？是他／她真的變了嗎？還是自己對另一半的期望有所改變？

　　五個故事中的男女主角因為愛而走在一起，但為什麼發展下去總會起衝突，而這些爭執位真的是問題本身嗎？好像 Katherine 跟 Robin 初相識時已清楚了解 Robin 是個玩樂主義者，為什麼 Katherine 在婚後只把他的玩樂無限地放大作批判，還把自己心中的尺量在 Robin 身上，卻忘記了他原來的好？

　　任何人都沒有權利要求對方為自己作出改變，將心比己，自己也能為對方而變成另一個自己嗎？但你可擁有的是「選擇」，大家都有著獨特的性格，沒有說好或不好，只在乎你如何選擇跟他溝通及相處，是否願意接受對方行為背後的意圖和價值觀。在茫茫人海中能與他相遇，這必是緣份，既然因為愛而選擇跟他走在一起，雖然未必是你的 the very best choice，但要相信這是你當刻最好的選擇。

　　一段關係不是佔有，而是結合。兩人相處過程中有意見分歧實屬正常，亦是必經階段，畢竟大家的不同性格存在不同的價值觀，所以，了解對方行為動機是經營最重要的一環，繼而便是磨合，至於如何經營也是你的選擇。每件事發生也可以從不同角度去理解，就如 Katherine 跟 Robin 的買樓事件，Katherine 認為置業能讓她有安隱的生活，而 Robin 卻質疑這是破壞他的生活，兩者之間並沒有對或錯，只是大家對理想生活的定義不同。重點是自己有否察覺不論在什麼情況，你也有你的「選擇」。

　　經營一段美滿的關係需要很長很長時間，但要破壞，可以很簡單的一句說話便已足夠。故事中所引發的衝突點好像全都是大議題，買樓不買樓、結婚不結婚等，但其實這些只是作一個話題而已，真正問題是男女主角沒有認真了解對方的需要及感受，好好互相溝通令意見達成一致，而他們只是選擇自己的想法期望對方和議。

　　如果能夠接受每個人（包括自己）的性格其實都有盲點，可以先放下自己，開放地聆聽對方內心的需要，而不是只看他行為的本身，相信你與伴侶的關係會有新的體會。

　　不論理解過後發展如何，大家都請選擇相信自己，每個決定都是自己最好的選擇。

有關九型人格（Enneagram）

每當提及九型人格，總有人愛將其跟占卜、命理混為一談，常遇到以下疑問：

「我是什麼型格？」

「我應該跟什麼類型的上司、下屬和伴侶才最合配？」

「那個滿是線及箭咀的圖像，是塔羅牌原理嗎？」

「人會隨著年紀有不同型格嗎？」

首先，大家必須釐清**九型人格並不是星座命理。沒有人可以告訴你是什麼型格，只有你自己可以在自我認知的過程中發掘。**

九型人格系統博大精深，早於公元前 500 年已被希臘哲學家使用，擁有超過二千多年歷史。自 1920 年，由 George Gurdjieff 首先將九型人格學説傳入西方，繼而綜合現代心理學及精神學而發展至今。近年愈來愈多人應用在心理學、輔導學等各種社會科學上，更在多間著名學府如美國 Stanford University 被傳授，也獲不少美國 Fortune 500 公司採用，足以可見其應受性及影響力。

不少人好奇「Enneagram」的意思，其實是來自兩個希臘字：「enne」的意思是「九」，「gram」的意思是「圖形」。

Enneagram 是指九個點形成的圖型，當中的九個方位就代表著九種人格。Enneagram 的圖形如下：

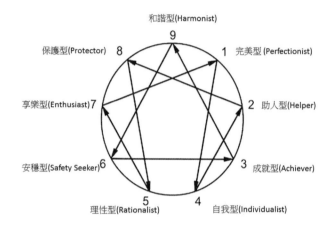

提到圖型及不同型號的名稱，不少人急於找尋自己的性格型號，或是認為個別型號特別吸引，嘗試對號入座。Enneagram 並不是一個配對系統，重要的是透過這個精確系統，你可以明白不同**性格背後的信念、思想、感情及行為模式，讓我們更了解自己及他人，是一套自我認知、自我成長及心修靈的寶貴學問。**

九種型格之間，並沒有哪一種型格較優勝。每個型格均可以活得精彩，重點是了解自己的基本渴望（basic desires），欣賞自己天賦的優點 (gifts)；同時了解自己的基本恐懼（basic fears）及盲點（blind points），不再被天生

的恐懼和慾望所操控。以故事中的六號型格 - Diana 為例，因為天生渴望安穩，事事安排妥當，令人信賴，在工作上當上出色的管理者。如果她能多點自我欣賞，擁有更高的自尊感，自然不用憂慮每一件事，在感情上對伴侶有更高的信任。同時，對自己的恐懼有更高的認知，可以促使行動，主動說清楚想法而非等待指引。所以，**Enneagram 並不只是解說人的思想、行為，而是讓你發現有更多的可能性，正如書中強調的「flexibility」及「選擇」。**

你可能好奇地問：「每個人都只局限於一種型號嗎？」答案絕對不是。**一個性格型號不能完全形容一個人的全部。** Enneagram 的精細之處，在於能剖析一個型格在「受壓」及「自在」時的轉化。在圖形上，每個型號各有兩條直線連接另外兩個型號，箭咀方向是受壓時轉化的方向，取另一型號的負面特質；箭咀的反方向是自在時轉化的方向，取另一型號的正面特質。以六號型格 - Diana 為例，自在時她可以取九號的輕鬆、自在，同理心較強。因此在故事中 Diana 絕對可善用其心思細密的優點，當上 Martha 的 coach，分析求愛策略；相反，受壓時她會取三號的負面特質，變得更焦慮，抱怨別人，甚至在爭辯過程中攻擊伴侶來證明自己。因此，**找到自己的型號，只是起點，而非終結。認知（awareness），只是我們成長道路中的一個轉捩點。**正如駕車一樣，你擁有了車匙，遇到路障你可以選擇繼續無視向前直衝，遍體鱗傷；同時你可以善用資源，尋找新的道路，

走得舒適自在。

最後，如果大家對 Enneagram 有興趣，建議除了閱讀書本外，可修讀坊間的課程。要體會九種型格，最好可以在公開課程中聆聽不同人的分享，體會其感受及行為背後的動機。送給學習中的你以下五點「小提示」：

1. 保持「不知」的心態，不要妄自對號入座，亦不要為他人定下型號。

2. 沒有一種性格比一種性格好，沒有一種性格比一種性格差。

3. 放下對不同型格的批評，嘗試從欣賞的角度出發。

4. 了解對方行為背行的動機、慾望，而非行為本身。

5. 別利用型號做藉口，一切均是選擇。

九種型格的基本渴望、恐懼及盲點

型號	基本渴望 （Basic Desire）	基本恐懼 （Basic Fear）	盲點 （Blind Point）
1. 完美型	達至完美，有道德	害怕犯錯，變得腐敗、不完美	要做正確的事
2. 助人型	感覺被愛、被需要	不被需要，不再被愛和認同	輕視自己的價值
3. 成就型	有成就，受大眾肯定及尊重	無價值，不再受注目、讚賞及尊重	我就是我的成就
4. 自我型	找回個人獨特身份	沒有個人身份、太平凡不再吸引人	生命有缺憾
5. 理性型	有能力，可以洞悉宇宙生命智慧	沒有足夠資源及可依靠的能力來維生及保護自己	我認知得不夠
6. 安穩型	找尋安穩、依靠及指引	沒有準備、沒有依靠及指引	憂慮每一件事
7. 享樂型	開心滿足、自由自在	被剝奪樂趣、自由、受苦	承諾是陷阱、綑綁
8. 保護型	主宰自己的命運、能力及力量	軟弱無能、被欺負及操控	只有強者可以生存
9. 和諧型	平靜、和諧、簡單舒適	與外界失去聯繫，被人遺忘忽略	避免衝突、陽奉陰違

有關 NLP

NLP 全名 Neuro Linguistic Programming，中文可翻譯成
「身心語言程式學」或「神經語言程式學」。在 70 年代由
Richard Bandler 及 John Grinder 共同開發。他們透過詳細觀察
及模仿（modeling）當時幾位知名心理治療大師的輔導過程，
再把當中的思想行為進行分析和模仿，最後開發成一套簡單
易學的系統。

每個人對事物的接收、處理、儲存和發放都有所不同，
學習 NLP 就等於了解大腦的運作，透過這一套系統先了解
自己及別人的思想運作模式（Neuro），再掌握如何和別人
良好地溝通的技巧（Linguistic），從而發展成一套新的模式
（Programming）。所以說 NLP 是大腦的使用手冊也很貼切。

在 NLP 中，有兩個很重要的概念，第一個是模仿
（modeling）：每個人做事都有他的成功之道，我們可以透
過模仿對方的身心及行為從而使自己獲得成功。第二個概念
就是建立親和力（rapport building）：這是透過行為及語言使
大家在潛意識層面中聯繫，從而達致良好的關係。

NLP 可以說是應用心理學，他可使用的層面很廣泛，可
用於心理治療、商業管理、培訓管理、銷售工作、教練技巧
（coaching）等。NLP 的技巧確實能快速並有效地應用在不

同層面上，但最重要還是心態上的改變，「有形無實」都不能持久。就好像古代人學習武功一樣，有「招式」亦必須要有「內功心法」的配合。

NLP 至今已進入第四十個年頭，NLP 的學問已經進入不同國家、不同行業及界別。有無數的人、公司及員工都透過 NLP 的幫助獲取成功。隨着越來越多人學 NLP 並獲得好處，相信能更有效地推動 NLP 的持續發展。

愛情，成於性格，勝於選擇

作者：黃彥衡博士、賴寶珠、吳婉琪、吳淑萍
編輯：Nancy
封面設計／插畫：Lanron
內文設計：4res
出版：紅出版（青森文化）
地址：香港灣仔道 133 號卓凌中心 11 樓
出版計劃查詢電話：（852）2540 7517
電郵：editor@red-publish.com
網址：http://www.red-publish.com

香港總經銷：香港聯合書刊物流有限公司
　　　　　　香港新界大埔汀麗路 36 號中華商務印刷大廈三字樓
台灣總經銷：貿騰發賣股份有限公司
　　　　　　新北市中和區中正路 880 號 14 樓
　　　　　　（886）2-8227-5988
　　　　　　http://www.namode.com

出版日期：2017 年 5 月
圖書分類：心理／兩性關係
國際標準書號：978-988-8437-38-2
定價：港幣 68 元正／新台幣 280 圓正